自己発見とあなたの挑戦

大学生活をリッチにする入門講座

小野良太

大学教育出版

まえがき

大学まで進学する若者が同世代の中で少数派だった時代は過去のものとなるにつれて、社会の中での大学の存在意義や役割も変わらざるを得なくなってきています。ところが、世間の大学についての関心は、相変わらず、入試の難易度で表される大学の入口の状態や、卒業生の就職率や就職先で代表される出口の状況に注がれています。他方、大学側の関心は、少子化の影響で減りつつある学生をいかに自らの入口に集めるか、その手段や方法に向けられがちです。しかし、大学が最高位の教育機関であることを考えれば、入口と出口に挟まれた在学期間の中味と密度こそが、進学する学生、その保護者、卒業生を受け入れる社会、そして、大学にとって、もっとも大きな関心を払うべき対象でしょう。

一〇年以上海外の大学に身を置いた自分自身の経験に照らし合わせると、日本の大学と大学生には、世界には無い特徴があることが分かります。本書では、その理解と自らの体験を反映させながら大学一年生を対象に開講している、『自己発見』をテーマにした入門講座を紹介していきます。この講座で学生たちに起こる出来事は、大学の入口や出口に関する関心などとは比較にならないくらい彼らにとって重要な意味を持っています。

読者のあなたは、自分にはどのくらい大きな可能性が潜んでいると思いますか。自分の可能性とは、知識や能力がこれからどれくらい加わるか、あるいは、どれくらい新しい事柄を成しうるかといった、自分の現在の状態にプラスアルファされる部分のことです。

私は、本書を通して、大学進学を考えている高校生と、入学して一年目の新大学生に、大学が、皆さんの可能性を膨らませるためにどれほど役に立つところであるかを伝えたいと思っています。同時に、このことを理解しないで大学を目指し大学に通うと遭遇するであろう危険性を明らかにし、それらに早い段階で気付いてもらいたいと願っています。

大学二年以上の学生の皆さんには、本書を、これまでの自分の大学生活を振り返って、残りの在学期間も同じような大学生活を続けていくのか、それとも、可能性を開花させるべくここで方向転換が必要なのかを考えるきっかけにして欲しいと思っています。

そして、高等学校や大学で教育に携わっている方々には、大学でも、知識の伝授だけにとどまらない、人としての教育を実践することができることを知っていただければと思います。今の大学生たちに欠けていると指摘されている、社会人候補生としての弱点を克服していくヒントもあるはずです。

望み通りのプラスアルファを起こす可能性は、どんな学生にもどんな教育機関にもあります。自らの可能性に目覚めることは大きな喜びです。本書で、その実例に触れてください。

自己発見とあなたの挑戦
――大学生活をリッチにする入門講座――

＊

目次

まえがき……i

第一章　大学四年間の意味……1

一―一　大学にたどり着いて　1
一―二　卒業までに得たもの　6
一―三　大学生の授業観　12
一―四　知識と成長　17
一―五　日本の若者　27

第二章　自己発見の一三週間……34

二―一　仲間に関心を向ける　34
教室外エクササイズ①　41
二―二　意見を突き詰める　42

教室外エクササイズ② 56
二—三　恐怖の壁に気付く 58
教室外エクササイズ③ 63
二—四　壁の先を体験する 64
教室外エクササイズ④ 78
二—五　大学で学ぶ意味を確認する 82
教室外エクササイズ⑤ 88
二—六　Painを乗り越えPleasureを味わう 89
教室外エクササイズ⑥ 102
二—七　「本」を見直す 104
第一回 104
教室外エクササイズ⑦ 111
第二回 112
教室外エクササイズ⑧ 119
第三回 120
教室外エクササイズ⑨ 126

二―八　Visionを描く　127
幸せの要素　127
教室外エクササイズ⑩　132
Vision作成　133
教室外エクササイズ⑪　142
Visionまでの道筋　143
教室外エクササイズ⑫　149
二―九　他者のために行動する　149
教室外エクササイズ⑬　154

第三章　挑戦の結果

第三章　挑戦の結果……155
三―一　喚起された力　155
三―二　Richな人間　160
三―三　最終レポート　167

第四章　挑戦の真の姿……184
四―一　『やるべきこと』と『やりたいこと』　184
四―二　立ち止まって仲間と考える　188
四―三　内面的達成　194

第一章　大学四年間の意味

一―一　大学にたどり着いて

日本人として生まれて、日本の教育制度の中を生きていく限り、関心を払わずにはいられないのは受験でしょう。実際に受験するか否かは別にして、受験ということを考えずにすますことはほとんど不可能です。

家庭では、子どもの学年が上がるにつれて、その先の学校の検討が始まり、受験をするか否か、するならばどこを受験するかという問題が、重大事として浮上してきます。同じ問題は子どもが通っている学校でも共有され、教師はまず学生自身に自分の将来を考えさせ、やがて保護者を交えた話し合いが始まります。学校の同級生たちの中でも、学習塾に通い始める友人が次第に増えていくでしょう。仮に自分はまだ受験にも塾にも無関心でいても、毎朝配達されてくる新聞には、進学塾の宣伝広告が頻繁に折りこまれており、また、街を歩けば、あちこちに塾の宣伝の広告や看板が目につきます。否が応でも、『受験』という二文字を意識させられるようになっていきます。

教育課程が進んでいくにつれて、受験が、教育の中での重要事項、あるいは最重要事項としてさえ上がってくるのはなぜでしょうか。理論的に言えば、受験は、それまでに学んできた知識の習熟度を測り、希望する上位の学校への入学の適否を判定する一過性の出来事であるはずです。しかし、現実には、そのような位置づけにとどまらずに、本人の未来までを左右する、人生の重大な出来事だと信じられているようです。何年何月何日に受けた入学試験の結果が、その人の将来がどれほど明るくなるか、あるいは、どれ程狭められるかを決定すると見なされているかのようです。

小さな子どもたちが、このような受験の意味を自ら認識していくことはありません。むしろ、受験が自分の将来にもたらす長期的な影響について、親や学校の先生の話を信じていくというのが通例でしょう。特に、幼稚園、小学校、中学校への受験では、どこの学校が良いかの決定については、親がほぼ主導権を握り、子どもは、親に従うことが自分にとって望ましいであろうと信じることになります。

中学三年生になり高等学校を受験する段階になると、どこの学校に進学するかについて本人の意向が反映される余地は出てきます。しかし、それはもう一つの要素に大きく影響を受けます。その要素とは、中学校での成績、特に、同年代の学生群から割り出される、自分の相対的な学力レベルを示す偏差値です。本人の意向とは別に、偏差値が進学先の選択肢をかなり限定してくるという現実が現れてきます。

無事高等学校に進学しても、大学進学までを考えている学生たちが、受験という重荷から解放されるのはせいぜい最初の一年間ぐらいでしょう。やがて選択科目を決めるために、大学での専攻を理科系にするのか文科系にするかの決断を迫られてきます。希望する職業や職種が決まっている少数派の学生は別にして、自分の将来像について具体的なイメージを持てないでいる多くの高校生にとっては、これは大きな決断になります。

将来像を持っていない、あるいは将来像がまだ漠然としている大多数の高校生は、この時に何を基準に判断を下すのでしょう。おそらく、数学、物理、生物などの理科系の科目が好きか、国語、歴史、地理などの文科系の科目が好きかといった、高等学校一年間の勉強が終わったばかりの時点での好き嫌い、あるいは、成績の良し悪しではないでしょうか。科目の好き嫌いや得意不得意には、科目の性格や特徴だけでなく、その科目を担当した先生の人間性も少なからず影響するでしょう。一五、一六歳の時点での学習科目への向き不向きを基に、将来の方向性を決めることを求められる高校生も大変です。

それでも何とか理科系か文科系かを決めるのですが、一難去ってまた一難。今度は、どの大学のどの学部を目指すかを決めなければならないという課題に直面します。しっかりした将来像を持っている学生には、少なくとも学部の選択はそれ程困難な問題ではないでしょうが、それ以外の学生にとっては、この時に注目せずにいられなくなるのは、再び偏差値です。

模擬試験を受ける度に結果として出てくる偏差値が、進学できそうな、つまり受験で受かりそうな大学や学部を明らかにしていきます。常に上を目指す学生や、自分の希望が明確な学生は、

「今の偏差値では厳しいが、自分は志望の大学、学部を最後まで目指し続ける」

という姿勢を貫くでしょう。一方で、

「親や先生の意見も聞きながら、偏差値から妥当と判断される範囲の大学、学部を受けよう」

と進学先を決めていく学生も少なくないはずです。

このような過程を経て、遂に、学生たちは、長年の目標であった、教育の最後で最高の機関である大学に入学してきます。それまでの努力、あるいは努力の欠如が、「～大学入学」という形で現れてくることになります。とにもかくにも、高等学校よりもさらに上の

教育機関に進学して来たのですから、その事実は学生にとってマイナスではありません。

しかし、そのような新入学生が、大学受験をすべて終えたという達成感や入学の喜びとは別に抱く、ある種の感情には注意が必要です。その感情とは、長年苦労させられてきた受験からの『解放感』といったものです。それまで押さえられてきた自分が、やっと解放されて自由に動けるようになったという感覚です。なぜ注意が必要かというと、この『解き放たれた』といった感覚には、その後の生活をマイナスの方向に向かわせる危険性が潜んでいるからです。そして、その危険性は、本人がよほど意識して注意していないと、残念なことに、現在の日本の大学のあり方によって増幅させられてしまうからです。

新入学生は、それまで長い期間、大学は自分の将来に重大な影響をもたらすものだと信じてきました。しかし、いざ大学に来てみると、「これこそが将来に役立つ」といった具体的なものは何もなく、結局、今後のすべてを決めるのは自分自身であるという事実に、いつか直面します。これに早期に気付き、気持ちを引き締めて自分の未来への覚悟を固める大学生はとても少数です。

圧倒的多数の大学生は、この事実にいつまでも気付かずに、もう一つの事実の方に関心を奪われます。それは、『自由な四年間』という時間です。大学では、新入学生は

「何をしなさい」

とは言われません。そのことが、一層、自由な時間を手にしたという意識を新入学生に感じさせるのでしょう。そして、入学時に感じた解放感は、

「これまで我慢して来た分、楽しいことを思いっきりやろう」

あるいは、

「学生生活も残り四年、思い残すことがないように遊ぼう」

といった類の発想に、自然とつながっていくのです。

一―二　卒業までに得たもの

私自身が日本と海外の大学で学び、かつ、教えた経験から、大学について言えることがあります。それは、

「大学は、一人の人間が、社会に出てから自分の道を切り開いて進んでいくための『力』を付けるのに、最適な場所である」

ということです。

多くの高校生が、大学で達成しようとする具体的な目標や目的を定めることなく、家庭

や学校の忠告に従って、世間の流れに乗ったようにして大学に進学してきます。そして、そのようにして大学に来た学生のまた大多数が、再び周りの流れに乗って大学を卒業していきます。

なぜそうなってしまうかというと、大学が「自分の道を切り開いて進んでいくのに必要な力を得られる場である」などということを、彼らは聞いたことも考えたこともなく、他方で、大学生活には『楽』なことと『楽しい』ことがいくらでもあるという情報は、あちこちから入ってくるからです。

日本の大学は、表向きは学生の自己責任を尊重しているかのようですが、実際には、『楽』を取る学生を放任しているという点で特殊な教育機関になってしまっています。世界を見渡した時に、この放任は日本の大学の大きな欠陥であり、同時に、日本の大学生にとっては不幸の元なのです。

この点をもう少し詳しく説明しましょう。図1を見てください。左から右に伸びる長い矢印は時間軸で、大学の四年間は『入学』と『卒業』と書かれた二点の間に位置します。この期間に大学生が得られるものは大きく、①大学名（ブランド）②専門知識、③資格、④社会的責務を免除された自由時間に分けられます。

『大学名（ブランド）』がなぜ最初に来るかというと、これは、大学での勉強の成果では

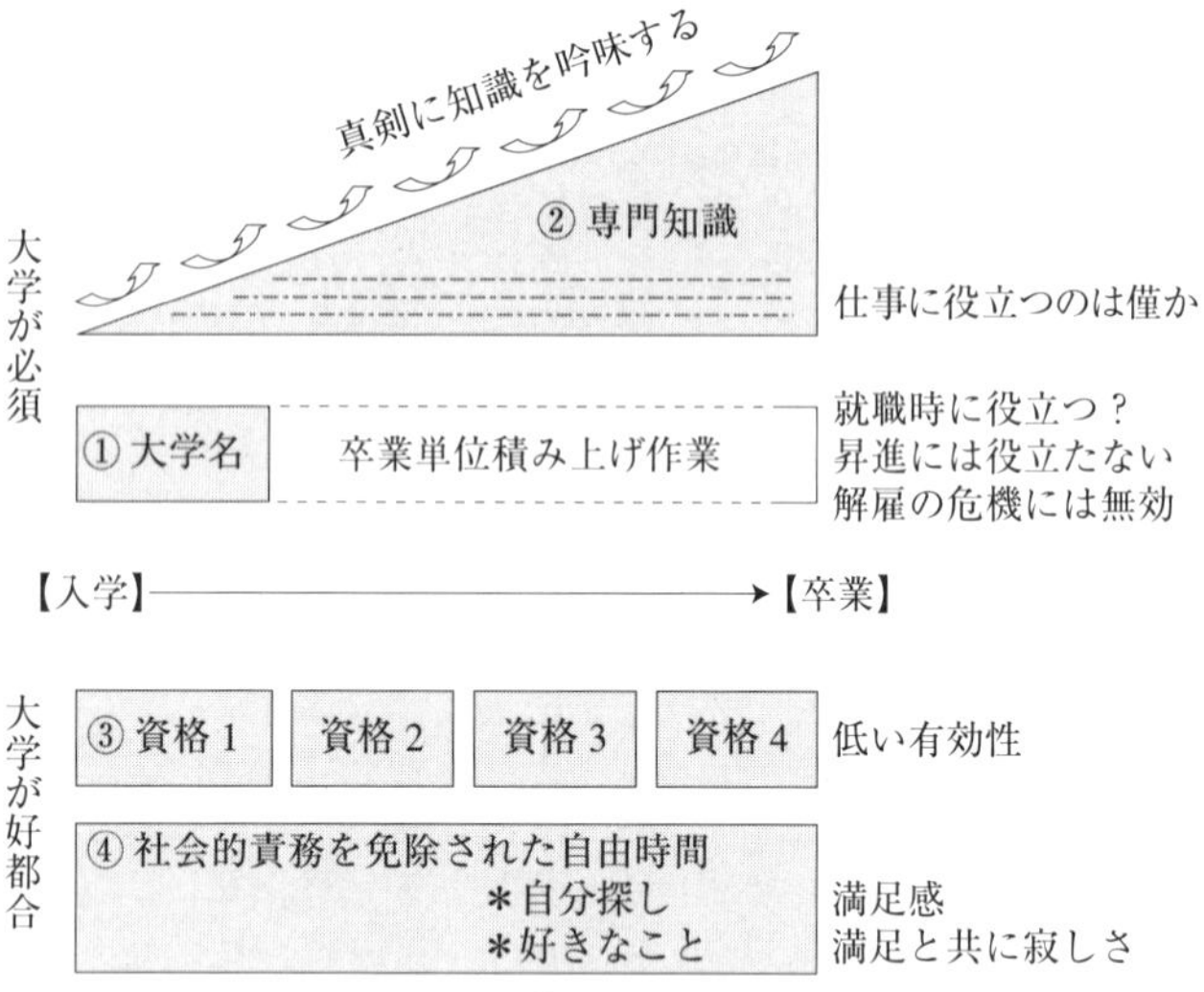

図1　大学で得られるもの

なく、入学以前の受験勉強の成果として、入学が決まった瞬間にほぼ学生のものになるからです。このブランド名を卒業証書という書類に記してもらうために、学生たちは卒業に必要な単位を取得していきます。入学を許可されたほどの学力を持った学生ならば、多少早い遅いの差はありますが、必要単位の積み上げ作業は大した困難もなく行えます。また、そのノウハウは、先輩やサークルを通して学生の間に広まっています。

二番目の『専門知識』は、入学当初は乏しく次第に増えていくために、図1では右上がりの三角形で示してあります。科目を一つ履修するごとに破線が加わり、知識の量は一段一段と積み上がっていきます。ブランドと専門知識を得るためには、当然大学に進学して来なければなりません。

三番目の『資格』には、特定の職務を遂行するために必要とされるものから、コンピュータの基本ソフトの使い方や自動車免許といったように広範な仕事に役立つもの、そして、TOEICなどの自己の特定の能力を証明するものなど、様々なものが含まれます。

「資格を持っていると、就職に有利である」

といったことは広く信じられており、ダブルスクールといって、大学と、資格取得のための専門学校の両方に通う大学生もいます。また、大学側も、学生たちの資格取得願望を手伝うべく、エクステンションといった、専門学校での授業を大学に持ち込んだような特別講座を数多く設けるようになってきています。

三番目の資格についても言えるのですが、四番目の『自由時間』を使って学生がしたいと考える事柄は、本人にやる気さえあればどこでもできます。つまり、必ずしも大学という最高学府に来なくても良いということです、しかし、日本では、大学生という身分になれば、社会的責務から数年間免除されるという暗黙の合意ができあがっています。安定した身分を保証された上で、好きに時間を使える、これは大きな魅力です。勉強は最小限度にとどめて恵まれた自由時間を満喫すること、これを目的に入学してくる学生は決して少なくありません。

これら四つの目標や目的をもう少し深く理解するために、それぞれが、卒業していく学生にもたらす恩恵について考えてみましょう。

まず、進学率が低く大学生の絶対数が少なかった時代や、企業内で、先に入社した人や学閥に所属している人が能力の有無以上に優遇された時代には、『～大学』というブランドは、就職活動と入社後の昇進に役立ちました。しかし、社会の変化のスピードが一層早まり、旧態依然の仕組みにさまざまなほころびが見え始めてきた現在、以前のような大学ブランドに依存した人材登用のメリットは薄れつつあります。そして、この傾向は今後も加速するでしょう。また、仮に、ブランド力で一流企業に就職はできても、人員整理の波が襲って来た時には、ブランドがその人を守ってくれる可能性はほとんどゼロです。

二つ目の専門知識による恩恵ですが、在学中に一〇の知識を学んだとして、入社後の仕事ですぐに役立つのはその内の一も無いであろうというのが現実です。これは、大学が与える知識は、特定の仕事を首尾良くこなすためのものではないことを考えれば当然のことなのです。

特定の資格を持っていなければ就けない職種は存在するので、そのような仕事をするためには資格取得が必須ですが、それ以外の場合には、資格を持っていることの有効性はそれほど大きくない、と考えて間違いはないでしょう。任された仕事をきちんと時間通りに仕上げる、同僚や顧客と上手くコミュニケーションを図る、周りの人たちと協力する、先輩の仕事振りから色々と学んでいく、といった事柄が実社会ではとても重要なことですが、これらの事柄と資格の有無とはほとんど関連がないからです。

そして四つ目の自由時間ですが、この時間を、クラブやサークル活動、国内外の旅行、または、自分の趣味等に思い通りに使えた学生は、楽しい四年間を送ることができた満足感を覚えることでしょう。この自由時間に好きなことをやりながら、自分が本当にやりたいことや進みたい道を発見できた学生は、卒業を次のステップの始まりと捉えることができます。しかし、楽しさのみを追究した学生は、卒業が現実的になってきた時に、卒業とは『免除期間の終了』を意味することに気付きます。その時には、満足感よりもむしろ、祭りの後のような寂しさを抱くことになるでしょう。

こうして見てくると、ブランド、専門知識、資格、自由時間のどれもが、卒業時点にたどり着いた大学生に、長期的な恩恵をほとんどもたらしていないことが分かります。

本当に勉強したい少数の学生のみが進学していた時代、大学で遊んで暮らしても大学ブランドがある程度まで就職とその後の昇進に役立った時代、仕事に必要な知識と技能は就職先の企業が教えてくれていた時代は、もう過去のものです。今の時代に、ブランド、専門知識、資格、自由時間を目指して大学に行ってしまうと、卒業時点で、その学生は社会にとって何者でもない、とても微力、あるいは無力な二二、二三歳になってしまうだけなのです。

これら四つのものは、確かにその学生に何かを付加はしますが、それは『力』とは違うものであることが重大な問題なのです。卒業は社会人としての出発を意味します。大学生がその出発点に立った時に、社会を突き進んでいく力を持ち合わせていなかったら、それはその大学生にとって不幸なことなのです。大学を卒業してもフリーターやニートになる若者が増加していることは、

「大学在学中に、社会に出てから自分の道を切り開いて進んでいくのに必要な『力』を身に付けることができなかった」

という事実を象徴している一つの現象のように感じられます。

一―三　大学生の授業観

今の大学生に、

「これまでの大学生活の中で、あなたの血となり肉となったことはありますか」

と尋ねると、どのような回答が返ってくると思いますか。私は、三年生以上の学生によくこの質問をするのですが、彼らの回答の多くは、アルバイト先での経験に関するもので、それにサークル活動に関するものが続きます。残念なことに、大学のキャンパスでもっとも時間を注いでいるはずの授業での経験が、回答に上ってくることはほとんどありません。

このことは、今の日本の大学生にとって、大学での勉学の重要度が如何に低いかを物語っています。四年間という自由な時間、その時間に経験する教室以外の場での様々な体験、そして、よほど不真面目であるか要領が悪いのでなければ最終的に得られる大学卒という肩書き、それらこそが、大学生にとっての『大学の意味』になってしまっている現実を再認識させられます。

それでは、大学三年生、四年生は、入学当初から大学での勉学に興味や期待を持っていなかったのでしょうか。

ほとんどの新入学生は、高等学校までの受験一辺倒の勉強から解放され、

「これからいよいよ、自分が興味を持った分野の勉強が出来る」

という期待を抱き、また、

「自分の選んだ分野で、将来の夢を見つけよう」

と大学の門を叩きます。ところが、新学期が始まり数週間が経過していく内に、徐々に大学の勉学に失望し、興味を無くしていってしまうことが多いようです。

まず新入学生の前に現れる障壁は、実技や実験を除いた多くの授業が、理論に重点を置いて展開されるという現実です。知識を教える大学であるならば、これは当然のことです。そして、これらの理論は、実世界、実社会、そして実生活の現象や事象から導き出されたものです。しかしながら、生活時間のほとんどを学校や塾という限定された社会で過ごして来た、また、新聞や本をほとんど読まない新入学生には、理論の背景にある世界や社会についての理解が決定的に不足しています。したがって、授業で耳にする理論が別世界のことのように響くのです。

もう一つの障壁は、新入学生がそのような理論と現状認識とのギャップを抱えていることに注意が向かず、その結果、ギャップを埋めるための適切な対処がなされないままに続けられる大学の授業です。さらに、高等学校の時とは比べものにならないほどの大人数を対象とした授業もあり、そのような環境は新入学生に、教授との間の大きな距離感を感じさせます。高等学校までの勉強とは次元の違う大学の授業内容や、教授からの視線を受けることなく終わる大教室での授業は、新入学生にカルチャーショックを感じさせるのに充分でしょう。

自らの努力と教授の助力によりこれらの障壁を乗り越えたごく少数の新入学生は、大学教育の中に、それまでの教育との違いと価値を見出して、勉学に力を注いでいくことになります。他方、大多数の学生たちは、『社会で役に立つはず』と入学前に期待していたような授業と、実際に大学で行われている『別世界の事』についてのような授業とのギャップに当惑し、立ち止まってしまいます。その時に新入学生が考えるのは、どうやって障壁を『すり抜けるか』ということです。

せっかく入学した大学を無事卒業していくためには、単位取得は絶対条件です。次第に新入学生の関心は、

「如何に単位を取得していくか」

それも

「なるべく苦労をせずに取得していくか」

という点に移っていきます。その結果、単位が容易に取れると評判の科目や、出席しなくても単位を取れるような科目を優先して受講していくように、自らの勉学姿勢を変えていってしまうのです。

こうして、知識や知見を豊かにして、自らの知的な成長に資するはずだった勉学が、多くの大学生にとっては、卒業に必要な単位という『数字』を集めるための行為に変わって

いってしまいます。こうなると、大学の授業はもはや、彼らの成長には微々たる貢献しかもたらさなくなります。冒頭の、

「これまでの大学生活の中で、あなたの血となり肉となったことはありますか」

という質問に対する回答の中に、大学の授業が挙げられない背景にはこのような実情があります。大学生の本業である勉学が、多くの大学生にとっては『単位取得のための手段』になり下がってしまっているのです。

青春時代の最も多感な四年間を過ごす大学のキャンパスで日々行われている授業が、若者の成長にほとんど寄与しないとすれば、大学は何のために存在するのでしょうか。小さい頃から受験、受験と追われてきてたどり着いた大学で、単位集めに奔走する大学生たちは、大学に進学するまでに注いできた自らの努力と時間をどのように意味付けるのでしょうか。

このような現状に対して、

「大学への進学率が上がったがゆえのやむを得ない現象である」

といった諦めの意識や、

「学生の学力が低下していることがそもそも問題である」

と学生に責任を転嫁する傾向が、日本の大学にはあるように感じられます。学生の成長に

資するべく教育を提供する大学側が、そのような意識で学生に接していては事態は好転しようがありません。

多くの大学生が持っている授業観や大学における勉学の位置付けを、

「それらが現実なのだ」

と黙認し続ける必要性はないでしょう。傍観していて何も新しい取り組みをしないこと自体が、現状を維持させることにつながるのです。望ましい状況や状態は、望ましい方向に動くことから作っていけるものです。

一―四　知識と成長

新入学生が授業内容や授業環境に失望し始め、大学の授業を単位取得の手段と割り切り始めるのは、入学した最初の学期です。したがって、この学期にどのような授業を行い、何を新入学生に伝えるかが、彼らの大学での勉学に対する姿勢を決める上で大きな意味を持ってきます。

新入学生を読者として想定した、『大学での正しい勉強の仕方』等を解説した、大学生活の入門書は数多く出版されています。それらの本では、授業中のノートのとり方、レポートの書き方、プレゼンテーションの仕方といった様々なノウハウが述べられています。また、新入学生を対象にした『入門演習』や『導入教育』という名称の特別講座を開講する大学も増えてきています。講座の内容は、大学生として期待される文献や資料の読み方、コンピューターや図書館などの大学の施設と設備の利用方法、およびプレゼンテーションやレポート作成の練習といったものです。

これらの事柄は、確かに、高等学校と大学の勉強の違いを明らかにしてくれます。大学での勉学の基礎を理解して実践していくのと、自分勝手に高等学校までの延長上で大学の勉学を捉え続けていくのとでは、その後の成果に影響が出てくるはずです。

しかしながら、大学での勉学の仕方の基礎を知れば、大学生としての勉学が充実したものになっていくかと言うと、現実はそれほど単純ではありません。学びの『方法や技術』を知ることと、学びの『目的』が達成されることは、必ずしも一対一で結び付くわけではないからです。

一般に、教育の場では、学ぶとは教養や専門分野の『知識を修得すること』、あるいは、『知的に成長すること』と捉えられていますが、本書では、学びにはもう一つの側面があることを明らかにしていきます。それは、

「学ぶとは自らの力で自分を発見していくこと」ということです。

小学校、中学校、高等学校を通して、若い人たちは知識を修得し、知的に成長することを目指します。そして、それらの修得や成長のあかしを、成績や偏差値という指標によって確認してきました。受験の結果、どこの高等学校や大学に合格したかという事実も、指標の一つになります。自分自身の成長の度合いを、他の人や社会の制度が設けた『外的な指標』と照らし合わせながら確認してきました。

ところが、大学には、誰もが納得するような、個人の成長を表す外的な指標はありません。自分の高等学校時代の偏差値も、入学してきた大学の偏差値も、もはや過去のものになります。大学で受講した科目には、最後にA、B、C、Dといった成績は付きますが、数十人から数百人の受講生の中での絶対評価であるので、例えば、高等学校までのAの持つ重みは大学でのAにはありません。極端な場合には、授業にはほとんど出席せず、最後に友人のノートをコピーさせてもらって試験に臨み、Aを取ってしまえるような科目もあります。

点数や順位が常に付きまとってきた小学校、中学校、高等学校とは違うこのような教育環境では、成長の指標は、他の誰でもない自分自身で設けなければならないのです。そして、

「そのような指標を自ら設定し、それによって自己の成長を測り、それを確認しながら次々に新しい自分を発見していく」

これこそが、大学という教育機関だからこそ可能になる学びなのです。

第二節「卒業までに得たもの」で、大学で得られた専門分野の知識自体は、就職しても直接的に役立つことはあまり無いことを述べました。それでは、大学で教えられる知識とはそもそも学生たちにとって何のために存在するのでしょうか。私は、学生たちにとっての大学での知識の価値は、実は知識自体というよりも知識を獲得する『過程』の中にこそあると考えます。

人類の発展は、常に知識の発展に支えられてきました。この知識と発展の関係は個人にも当てはまります。知識を得れば得るほどその人は成長し、知識の獲得を止めれば成長も止まります。そう考えると、知識を生み、それを伝える役割を担った大学に知識を求めて入学してくる若者は、さらなる成長を希求する、同世代の中でも特別な目標を持った人たちであることになります。潜在的に成長意欲が強い若者たちが、それを可能にしてくれる知識を求めて大学にやってくるということです。

ところが、日本の大学の中で、学生の入学時と卒業時の知的能力を比較したところ、卒業時の方が高くなっていたのはわずか一大学（注：東京大学ではない）であったという報

告を、教育関係の講演会で聞いたことがあります。これは、知識と成長の関係が、

「知識を吸収すれば自ずと成長する」

というほど、単純なものではないことを示しています。

科目を履修する毎に、専門知識を修得していっているはずである日本の大学生が、知的な面で成長しないということがどうして起こるのでしょうか。それは、

「知識をどう獲得すべきか」

について勘違いしているからなのです。高等学校までと同じように、

「知識を教えられた通りに頭に入れて覚えることが、勉強することであり学ぶことである」

といった考えを持ったままでは、高等学校以上の知的能力は付かないのです。

中学校や高等学校で、中間試験や期末試験に向けて行った勉強内容のうち、どれ程が今も使える状態で自分の中に残っているかを振り返ってみてください。中学校や高等学校で学んだ内容の内、今でも確かに自分の中に根付いていて自分の一部となっていると思うものがあったら、その知識を学んだ時の自分の勉強姿勢を思い出してみてください。

短時間に無理やりに脳に覚えこませたものは、そこに永くはとどまらないものです。また、与えられるままに受け入れた知識は身に付かず、その結果、その人の成長にはさして寄与しないのです。知識の本来の力を吸収し、成長の糧にするには、

「本当にそうだろうか」

「なぜそうなるのだろうか」

「実際にどこで使われているのだろうか」

と、目の前に提示された知識にいくつも疑問を投げかけ、それらの疑問に対する答えを追究するといった積極的な姿勢が必要なのです。疑問を抱くとは、すでにある知識を盲目的に受け入れるのではなく、まず自分なりにその真偽と有用性をじっくりと考えてみるということです。『知識を吸収する』ことが人間を自然に成長させるのではなく、実は、知識を材料にした『考える』という行為が人を成長させるのです。

さらに、考えるという行為は真剣に行わないと効果を現しません。抱いた疑問に対して、

「答えを探すのは面倒くさい」

とか、

「この程度の答えで良しとしておこう」

といった姿勢では、初めから疑問を抱かずに盲目的に知識を受け入れるのと、大した違いはありません。そうではなく、真剣に、一生懸命に、決して妥協せず、その知識を納得するまで吟味していくのです。すると、最終的にその知識の全容が理解できた時に、体の内側から湧き上がってくる何かを感じるはずです。それが、『成長の感触』です。

そのような『自己の内面の変化（成長）を実感する』という経験を一度でもすれば、その後は、さらに上の自分を目指すべく、成長へのさらなる意欲が自然と湧いてきます。この内側から湧き上がってくる自己の成長への意欲こそ、学んだことが自分の血となり肉となった証です。内的な成長に目覚め、学びを通して新しい自分を発見していく経験をすること、これこそが、青春時代の四年間を大学で過ごすことを社会に認められた大学生たちに与えられた特権なのです。

このような学びが起こると、学生は『人間として』確実に成長します。それは、アルバイト体験を通して周りの人々への対応方法を会得したというような、組織人候補生としての成長とは異なるものです。大学という最高の教育機関に四年間在籍した学生が、組織人候補生としての成長しか、在学中に自分の血となり肉となったこととして挙げられないのならば、その学生はわざわざ大学という知識の源に来る必要はなかったと言えるでしょう。

知識の創造を責務としている大学という所ほど、若者が、知識について真剣に考えることに適した場所はありません。そして幸運なことに、大学生はこの成長の感触を四年間何度でも味わえるのです。大学とは、そのような恵みの場所なのです。この成長の感触は、大学でしか経験できないものです。このような体験をせずに、その他の体験だけで大学を卒業していってしまうのはとてももったいないことです。

この成長の感触を味わうには、大学の教授の協力が不可欠です。一般的に言って、大学教授の大多数は、教室での授業よりも、自分の専門分野での研究活動の方により強い関心を持っています。この事実は、大学での教授との関係の築き方にある指針を示しています。

大学に入学してしばらくしたら、自分が関心や興味のある分野を専門分野としている教授を見つけましょう。たとえ、その教授の授業にさほど魅力が感じられなくても、そこで終わりにしてはいけません。学生との面談用に設けられているオフィスアワーという時間に教授の研究室を訪れて、一対一で、あるいは友達を誘って二対一、三対一で話をしてみるのです。ほぼすべての教授が、自分の専門分野について聞かれることを歓迎します。映画好きが、自分が好きな映画について聞かれると、相手が誰であろうと嬉しくなるのと同じようにです。教室では見られない教授の素顔が見られることは間違いありません。教授の素顔に触れることにより、教授との距離が縮まり、その専門分野への関心がさらに強まるでしょう。

成長への強い願望を持って大学に進学してきた学生が、成長に不可欠な『知識について真剣に考える』ことに道筋を示し、協力してくれる良き教授に出会った時、その学生の成長への歯車が動き始めます。

この教授のような役割を果たしてくれる人のことを、英語ではMentorと呼びます。在学中に何人ものMentorに巡り合うことはないでしょうが、一人か二人は必ず出会えるはずです。専門分野の話で盛り上がるだけの教授では、あなたのMentorにはなり得ません。あなたのその専門分野における興味や関心に耳を傾け、知識の修得に必要な道筋を示してくれ、なおかつ、その道が平坦でなく上り坂である時、その教授はあなたのMentorになり得ます。Mentorがあなたの成長に対して期待をすると、勉学に対して高い要求をしてくると思います。高い要求に応えるには、真剣に、一生懸命に、そして必死に努力しなければなりません。この過程は、時に辛く、時に苦しく、決して楽ではありません。

残念なことに、九割以上の大学生は、このような教授との関わりを経験せずに大学を卒業していきます。教授を、授業の時に教室に来て教えてくれるだけの存在だと思い込んでいるか、教授の要求に応える努力が苦しいと感じると、それを避ける道を選んでしまいます。しかし、その場合に最終的に自分の身に付くのは、『微力』、あるいは、『無力』です。如何なる力も、努力することからしか身に付きません。

「知識について真剣に考え、自分の知識を獲得しようと必死に努力する」

これこそが、同年代の若者の中で大学生のみに与えられた、成長へのチャンスなのです。図2を見てください。専門知識の表面的な蓄積は、卒業単位積み上げ作業を継続していけば、破線が示すように一本一本加わっていきます。しかし、大事なのは、積み上がって

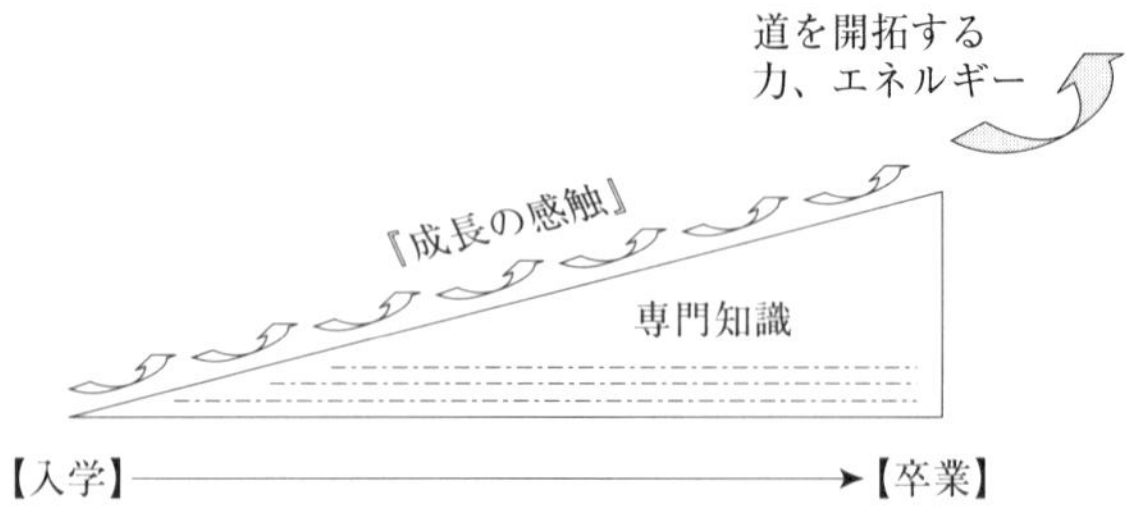

図２　成長の感触

いく破線自体よりも、積み上げるに当たって、どれだけ自分で考え、どれだけ必死に努力したかであり、その結果感じる上向きの矢印で表された『成長の感触』なのです。

このような努力をこつこつと繰り返していくとどうなるでしょう。知識の量が膨らむだけでなく、成長の実感がどんどん体に染み込んで行き、卒業時には、図の右上の大きな太い矢印のように、さらなる成長への上昇力となって、その人からオーラのように発散されてくるまでになります。この成長への上昇力こそが、大学教育を終えて社会に船出していく時に最強の支えになる、『自分で自分の道を開拓する力』であり『エネルギー』なのです。

就職活動においてもこの力は威力を発揮します。大学ブランドに依存し、専門知識を受動的に修得し、最後の自由時間とばかりに四年間を過ごした学生と、成長のオーラが漂った学生とが応募してきたら、雇用側は『上昇力』を感じさせる学生の方に必ず惹かれます。『自分の道を開拓する』ことは、自分のしたい仕事に就く、あるいは希望の会社に就職することから始められます。

興味や関心のある専門分野を見つけ、それを追究できる学部に行き、そこでMentorを探し出し、その教授の高い期待に応えるべく必死に努力をする。これは、大学でしかできないことであり、これを実践すれば大学生活は真価を発揮します。

一—五　日本の若者

高等学校まで、多くの時間と努力を大学という場に来ることに費やしてきた若者が、その目的地にたどり着いたにもかかわらず、大学にはこのような貴重な成長の機会が待っていることに気が付かないのはなぜなのでしょうか。

その原因の一つは、大学生に限らず、保護者、高等学校までの教員、そして大学卒業生たちを採用する企業等の関係者も、若者たちにとって大学の価値は、厳しい社会に出る前に与えられる四年間という『自由な時間』であると考え、その間に学生に起こる『変化自体』にはあまり関心を持っていないからでしょう。大学卒というステータス、あるいはどこどこ大学というブランドが大事であり、四年間の中味は学生まかせといった状況があります。その結果、大学には、学問を通した自己発見というもう一つの学びがあるということが、大学を目指す若者に誰からも伝えられないのです。

またもう一つの原因は、大学と教授陣の、学生の教育に対する姿勢です。

「学生の未来のために！」

「国際的に活躍できる人材に！」

といったスローガンを抱えていながら、その実、大学生をどう育てていけば良いのか、具体的なイメージが教授陣の中で共有されていない大学はたくさんあるはずです。大学では、教員の数だけ、違った教育方法が取られているのです。

日本の大学の教員は、自分自身、長年にわたって教育を受けては来たのですが、その大多数は、『教育の与え方』については学んだことがないというのが実情です。教員免許を持っている中学校や高等学校の先生の中には、さすがに、

「これでも先生？」

というような授業をする人はいないでしょうが、大学には残念ながらそのような先生もいます。大学で授業の上手くない先生に出会ったら、それは、ある面、そうなるべくしてなっているのだと諦めるしかないでしょう。

近年、様々な大学で、学生による教員の授業評価が行われるようになってきています。

そのような評価に参加した学生たちは、教授陣は評価結果を見て授業をより良いものにしていってくれるはずだと期待するでしょう。しかし、「授業を改善しなければ、自分が大変なことになる」と教員に危機感を抱かせるような環境が大学内になければ、学生による評価が授業の質の向上にもたらす効果には自ずと限界があります。

教育について学んだことがなく、授業は独自の方法で行うという教授陣が、なぜ大学に居られるのでしょうか。それは、大学は教育だけでなく、研究を通して『社会のために新しい知識を生み出す』という役割を担わされているからです。大学教員に、教育と研究のどちらを重視しているかと尋ねると、研究という答えが圧倒的多数を占めるはずです。授業を通して学生に知識を伝えるという義務は果たしていても、大学生の『人としての成長』に一丸となって取り組んでいる大学はとても少数です。

私が海外の大学の教員だった時に、日本の大学のゼミが、海外調査の一環として私たちの大学に立ち寄ったことが二度ありました。どちらの大学も、日本ではトップクラスに位置づけられている有名な国立と私立の大学で、訪ねてきたのは、担当教官と一五人くらいのゼミ生という構成でした。受け入れ側としては、会議室を用意し、学部から三人の教授たちが彼らの面談調査（情報収集）に応じるという体制で臨みました。

ところが、面談が始まってすぐに、ある状況に驚きました。ゼミ代表と思われる学生一人が英語で質問するだけで、引率の担当教官も含めた他の全員は一言も発しないのです。メモを取っているものもほとんどおらず、手持ち無沙汰のような様子でその場に座っているだけなのです。うとうとしている学生さえいました。ひと通りの質疑応答が終わり、

「それでは、これまでの内容について何か質問はありますか」

と、あえて代表以外の学生たちに向かって尋ねたのですが、誰一人として声を出さないのです。私の同僚の二人の教授たちも、きっと不思議に感じていただろうと思います。

「日本語でも良いですよ」

と付け加えても、何の反応も返ってきませんでした。

面談調査終了後に、学部の施設を案内した時にも、何かに興味を覚えて質問をするという経験がないかのように、彼らはただ黙ってこちらの案内に付いて来るだけなのです。それまで海外の大学生ばかりを見てきた私は、日本の大学生の姿勢と行動に大きな衝撃を覚え、さらには、日本の将来に危機感を抱きました。調査のためにわざわざ海外の関連機関を訪問するという、目的意識のはっきりしているはずの若者が、当たり前のコミュニケーションさえ取れないならば、今後彼らが主役となって作っていく日本という国は、海外の国々とまともに付き合っていけないのではないだろうかという危機感でした。

それから数年後、私は日本の大学で初めて教えることになるのですが、あの時調査に訪れたゼミ生たちは、特殊な学生ではなかったことにすぐに気付かされました。教室で目の前に座っているほとんどの学生が、授業を受けるためにそこに居るのですが、そこに『居る』以上の何の反応も示さないのです。あの時に感じた危機感が、一層現実味を帯びて感じられました。

日本の大学では、授業が、知識を受動的に吸収するための場になっています。授業中に大事なのは教授の話であり、他の受講生の質問や意見は、注意を払うに値するとは思っていないようです。ほとんどすべての学生は、強制されない限り、授業時間以外に予習や復習に時間を取って知識の定着を図ろうとはしません。そして、知識の修得は学期末の試験に向けてピークを迎へ、試験が終わり次第すべて忘れ去られてしまいます。それを誰も問題とは思っていないようです。学ぶという行為が、『単位積み上げ行為』に変わってしまっているのです。さらに、彼らにとってメディアとはテレビやインターネット、携帯電話を指し、知識を深めるために欠かせない新聞や本は範疇に入っていません。

このような状況が続いている一つの理由は、大学生の中だけでなく、大学教員の中にも、

「今の大学生とはこういうものだ」

といった、現状追認的な意識があるからでしょう。このままでは、日本の大学生はますま

す受動的になり、かつ、井の中の蛙になっていくでしょう。そしてそれは、日本という国もますますそうなっていくことを意味するのです。

自分から狭い世界に入り込んでいくかのような学生たちに、自己の存在の大切さに目覚めてもらい、社会、あるいはもっと大きな世界にとって重要な若者に育っていってもらうこと。これが、現代の日本の大学教育者たちが取り組むべき重要課題の一つであろうと考えます。

私の所属している学部では、新入学生を対象にした『入門ゼミ』という選択講座が開かれており、新入学生の約半数が、入学した最初の学期に受講しています。本講座では、新入学生を大学の教育に慣れさせることを目的としており、図書館や情報センターの利用方法、勉強に必要な情報の集め方、情報の整理方法とプレゼンテーション方法の練習、および、教員自身の専門分野の紹介などを、各教員が独自の方法で教えています。

小学校以来の学校教育の最後のステージに到達した新入大学生が、大学での教育と経験をその後の自分にどうつなげていくかを、入学した最初の学期に真剣に考えることは、その後の四年間にとどまらず長期的な意義を持ちます。そしてそのための第一歩が、これまで世間や周りに無意識のうちに流されてきた自分を、ここで一度見つめ直してみるという作業です。

このような観点から、私は、『自己発見』をテーマにした入門ゼミを開講しています。この講座で何がなされ、何が起き、そして受講生たちがどのように自分を発見していったか、その記録を第二章と第三章で詳しく述べていきます。取り上げているテーマは、高校生にも大学生にも、きっと思い当たることばかりだと思います。

第二章　自己発見の一三週間

入門ゼミ一クラスの定員は二〇名で、授業回数は一学期間に一三回あります。本講座では、いくつかの主要なテーマを設定し、各テーマを一回から三回の授業で深く考えていくというアプローチを取っています。

二－一　仲間に関心を向ける

入門ゼミの初日、二〇名の新入学生が不安そうな顔で教室に集まっています。始業のベルが鳴り終わったところで、まず、履修者名簿に従って一人ひとりの学生の出欠を確認します。そして、開口一番、

「これから授業の場所を移動するので、全員荷物を持って」

と伝えます。学生たちは、

「えっ、どこにいくの？」

「何が始まるの？」

「教室で授業をするのではないの？」

とざわざわします。硬くなっている学生たちの緊張をほぐすには、狭い教室から外に出るのが一番です。行き先は、全員が座れるキャンパスの芝生広場です。

最初に、私の方から、自分の経歴と専門分野を自己紹介し、次に、入門ゼミの目的と概要を簡単に説明します。ここまでは、私の他の担当講座で行うことと変わりませんが、ここから、本講座ならではの授業を展開していきます。初回のメインイベントは、学生による自己紹介です。

任意に一人の学生を指名し、皆の前に立ってもらい、氏名、出身地と、自分について知っておいて欲しいことの三点について話してもらいます。

トップバッターの学生の自己紹介が始まると、他の学生たちが一様に取る行動があります。それは、その学生の声に一応耳を貸しながらも、自分の順番が回って来たときに話す自己紹介の内容を、一生懸命に考え始めることです。目の前の学生の自己紹介を聞くよりも、自分が話す内容の方が優先度が高いのです。学生たちにとって自己紹介は、相手の紹

介を聞く場というよりも、自分の紹介をする場とみなされており、また、自分の順番を無

事乗り越える場であるのです。せっかく皆の前に立った学生が一生懸命に話してくれているのに、紹介を受けている側は聞く姿勢で応えてはいないのです。

そこで、トップバッターの学生の紹介が終わり、同じく任意に二人目の学生を指名したところで、その学生に、

「それでは、前の人の自己紹介の内容を繰り返してから、自分の紹介をして下さい」

と頼みます。

この一言を聞いて、学生たちはぎょっとします。自分のことさえ話せば乗り切れると思い込んでいた自己紹介に、一つ課題が加わったからです。彼らの注意は、一気に今から自己紹介をしようとしている二番目の学生の方に向きます。

追加課題を課された学生が、しどろもどろに一人目の学生の紹介を行い、何とか自分の紹介をし終えたところで、三人目の学生を指名し、同じように皆の前に立ってもらいます。一呼吸置いてから、その学生は二番目の学生の自己紹介を繰り返し始めます。今度は、

「ちょっと待って下さい。先ほど、『前の人の紹介を』と言いましたが、それは、あなたより前に自己紹介をした人全員のことです」

と補足説明をします。

ここに至って、学生たちは、この自己紹介の全貌を知ることになります。ひと時動揺の声が広がりますが、すぐに、彼らは集中度を一気に高め、全神経を動員して、クラスメートの名前とその特徴を頭に刻み込んでいくように変わります。

この自己紹介の方法で、何人くらい前までの学生の紹介ができるかというと、運悪く、そして偶然に最後に残ってしまった学生は、多少のヒントがあれば、一九人分の紹介を見事に行うことができます。若者の記憶力には驚かされます。この自己紹介が一巡すると、私も学生たちも、初回の授業にも関わらず、クラス全員の名前と特徴をほぼ掴むことができます。その後、シラバスに従って一学期間の授業計画を説明し、次週までの宿題を出して授業を終えます。

学生たちは、各自の荷物を持って教室棟の方に戻り始めますが、この時、面白いことが起こっていることに気がつきます。何人もの学生が、初対面のクラスメートと話をしながら一緒に歩いていくのです。聞こえてくる会話から、彼らが、自己紹介の内容をきっかけにして話を始めたのが分かります。見知らぬ者同士だった学生たちが、九〇分の授業後に楽しそうに会話を始めたのです。学生一人ひとりに、クラスの仲間の名前と特徴をある程度把握してもらうことを期待していたのですが、それ以上の効果が現れたのです。それは見ていて、喜ばしく気持ちの良い光景でした。

何年も新入学生と接していると、彼らにとって、入学当初の最大の懸案事項は友達作りであることが分かってきました。大学では高等学校までとは大きく違い、一〇〇人、二〇〇人といった単位で行われる講義もあります。授業の規模が割合小さな語学の授業でさえも、四〇、五〇人が一クラスということも珍しくありません。そのような環境で、しかも、一週間に一度しか教室で顔を合わせないのでは、たまたま近くに座ったといった理由や、高等学校からの自分の知り合いと一緒に居たといった理由から、小さな友達の輪ができるのがせいぜいのようです。また、大学には自分の所属するクラスが無いことが、高等学校までの学校生活と比べて大きな障害として存在します。そこで、私は、この二〇名ほどの入門ゼミを、彼らが大学でのクラスと思えるようになってくれることを期待しています。

とは言っても、このメンバーが一同に会するのはやはり週に一回、一学期間でわずか一三回です。彼らが入門ゼミの授業に来た時に、自然にクラスメートと話し、仲良くなるのを待っている時間的余裕はありません。そこで、一人ひとりの学生にはクラスメートに印象を残すような事柄を話してもらい、聞き手にはそれらをすべて心にとどめてもらえるような自己紹介を、初日の授業で行うのです。

私は毎回の授業の最後に、学生に、その時間の授業についての自由な意見や感想（リフレクション）を、小さな紙に書いて提出してもらっています。これにより、学生の反応を確認して、その日の授業の反省ができます。また、次回以降の授業への参考情報が得られます。初回の授業に対する学生たちの意見や感想は以下の通りでした。

リフレクション

✿ 大学は硬いイメージがあったが、今日の授業で見方が変わったような気がした。頑張っていきたい。
✿ こういう授業は初めてなので新鮮だった。
✿ 「ゼミって何?恐い!?」って思っていたから、こういうのが初回だと安心。
✿ 僕は二番目に自己紹介したので、皆の名前を言わなくて済んだけれど、一応ひと通り覚えました。
✿ 自己紹介の仕方はとても良いと思います。早く名前と特徴をつかめそうな気がします。
✿ 覚えるのがすごく大変だった。だけれど、皆のことが結構分かったので楽しかった。
✿ 他の人のことも紹介することで、真剣にその人の自己紹介を聞くことができた。この調子でいくと、早々に友達ができそうなので良かったし、面白かった。
✿ 集中して人の話していることを聞けば、一瞬のことでも記憶がどこかに残るのだなと思いました。

✿ 今日の自己紹介で、強制的に名前が覚えられて、とても良かったと思います。入門ゼミを取って良かったと早くも感じました。

✿ みんなのことが大体覚えられてよかった。このゼミを通して何か自分が変われば良いなと思う。

✿ 厳しいほどやりがいがあると言われるが、まさにこのゼミはそのような感じで、一生懸命頑張りたいと思った。

本入門ゼミでは、受講生たちが自らの力で自分を発見していくことができるように、毎週、独特なエクササイズを実践しますが、同様のエクササイズを授業という枠を超えて行うこともできます。そこで、本ゼミの受講生でなくともできるように、各授業で行ったエクササイズの教室外での実践方法を、『教室外エクササイズ』として適宜紹介していきます。

教室外エクササイズ①

最初は、連続自己紹介です。顔を合わせた一〇人、二〇人がお互いのことをほとんど知らないという状況は、新学期の教室に限ったことではありません。町のスポーツ教室やカルチャーセンターの教室、あるいは何かのボランティア活動で人々が集まった時、また、サークル活動や他の大学とのコンパで、そのような状況が生まれます。

周りが初対面の人ばかりだと、人は全員の名前や特徴に注意を向けることを初めから放棄してしまって、たまたま近くにいた一人か二人と知り合いになれれば、それで満足してしまいがちです。一人でも話しができた人が見つかると、ある程度の安心感が得られるので、それ以上の努力はしないのです。しかし、多くの人のことを知れば知るほど、その場での居心地はずっと良くなっていきます。

初対面の人同士が集まった時には、全員が大なり小なり緊張しています。それを解きほぐすにはゲームが最適です。入門ゼミで実施した連続自己紹介は、ゲーム感覚で行えるので緊張もほぐれ、また、お互いのことも知ることができるので一石二鳥です。

名前以外に、家族の自慢、好きな俳優、もっとも感動した本、最近困ったこと、ほろっときた出来事、行ってみたい外国など、聞いてみたい事柄はいくつもあるはずです。それらから二つほどを選んで、全員にそれらの事柄について話してもらいます。二つくらいの特徴ならば、記憶していくのにそれほど混乱はしないですみます。

　見た目からは想像もできなかったような話も出てきて、その人たちと一緒に時間を過ごしていることが楽しく感じられ、また、貴重に感じられるはずです。メンバー全員の一体感がぐっと高まります。この自己紹介のすぐ後に休憩時間や自由時間を取ると、自己紹介の時の内容をきっかけにして会話が広がっていくでしょう。

二―二　意見を突き詰める

　初回の授業の最後に、次週までの宿題を出しておきました。宿題の内容は、かつてベストセラーにもなったジョン・スペンサーの『チーズはどこへ消えた』を読んで、関連する質問に答えてくるというものでした。

　新入学生の大多数は、高等学校時代までに読書の習慣を身に付けておらず、大学入学が決まった後もほとんど本を読んでいません。そのような本離れをした新入学生に読んでもらう最初の本としては、薄くて、内容的にも読みやすく、かつ、価格もそれほど高くないという点で、この本は最適です。

本書には、スカーリーとスニッフというネズミ二匹と、ホーとヘムという小人二人が登場します。彼らは、自分たちが食べるチーズを探し回って日々を過ごしています。そんなある日、彼らはあるチーズステーションに、食べきれないほどの大量のチーズを見つけます。彼らは、

「これで自分たちの生活は安定だ」

「幸福をつかんだぞ」

と大喜びをします。そしてその日以降、毎日そのチーズステーションに通い、朝から夕方までチーズを食べ続けます。とても満たされた日々が続いていきます。ところが、ある日、彼らがいつものようにチーズステーションに行ってみると、昨日まであったチーズが跡形もなく無くなっています。この予想外の事態に直面した時に、ネズミと小人それぞれが取る異なった行動と、それらの行動の意味が、この本の主題をなしています。物語の中のチーズは、我々が人生の中で追求する、地位やお金、愛や幸福といったものを象徴しています。

前の週に出しておいた宿題は、

「登場するネズミ二匹と小人二人の中で、自分に似ていると思うのは誰か、そして、どう

してそう思うのかを、実際の出来事などを引用しながらレポート用紙一枚にまとめてくる」というものでした。

授業の最初に、各学生に、どの登場者に似ていると判断したかを自己申告してもらい、それに応じてグループ分けを行います。ネズミの二匹は性格と行動においてそれほど大きな違いはないように描かれているので、クラスをネズミに似ている者どうし、小人のホーに似ている者どうし、そして小人のヘムに似ている者どうしの三つのグループに大きく分けます。

さらに、各グループを、四人を上限にして小グループに分けていきます。例えば、小人のホーに似ていると名乗りを上げた学生が七人いたとしたら、その七人を、三人と四人の小グループに分けます。大学で初めて話し合いをする学生たちにとっては、三〜四人というのが丁度よいグループのサイズだからです。

小グループに分かれたところで、まず、自分がその登場者に似ていると考えた理由をお互いに紹介し合います。こうして声に出して発表することにより、登場者と自分とのつながりが、自分の中で一層明確になります。またそれは同時に、前の週の自己紹介よりも一歩踏み込んで、自分の性格を仲間に紹介することにもなります。

続いて、グループごとに、その登場者の長所と短所を二〇分ほど話し合ってもらい、その後、見つけ出した長所と短所を発表してもらいます。発表内容はすべて黒板に整理して書き出していきます。

発表された内容が分かりにくい場合には、必ずその内容を聞き直します。もう少し詳しく言い直してもらえば分かる場合にはそうしてもらい、それが上手くいかない場合には、こちらで別の言葉で言い直し、

「こういうことかな」

と発表者に問いかけます。発表者自身が自分の発言内容を十分に把握しきれていないようだと感じた時には、このような再質問や言い直しを行って、発表者自身に自分の言いたかったことを確認してもらいます。これらはすべて、その学生の意見形成と発表能力の向上に役立っていきます。

全グループからの発表が終わると、登場人物それぞれの長所と短所が、表1のように比較された形で黒板に明示されます。

さて、ここからクラス全体による話し合いが始まります。板書された長所と短所を注意深く眺めて、疑問に感じることを挙げてもらいます。初めは誰からも何の指摘も出てきませんが、

「疑問はないかと何度も聞いているのは、この中に疑問を抱かせるような回答があるか

表1　ネズミと小人の性格

	長　所	短　所
二匹のネズミ	・行動が早い ・一つの行動から次の行動への切り換えが早い ・新しい物事への恐怖心が無い ・失敗してもへこまない	・考えないためにミスをする ・行動が非効率的
小人のヘム	・人に流されない ・慎重 ・堅実 ・自分の考えを押し通す ・考えることに集中できる ・はっきりと自分の意見を言える ・危険を避ける ・危険を冒さない	・過去にとらわれている ・新しい事に目を向けない ・変わろうとしない ・変化を恐れる ・人の意見を聞かない ・行動力が無い ・決断が遅い ・頑固 ・おろか ・自虐的 ・先を見通せない ・マイナス思考 ・自己中心的
小人のホー	・積極的 ・意思が強い ・前進しようとしている ・考えながら行動ができる ・悪い状況の中で前向きに考えた ・仲間・友達想い ・頭が柔軟 ・ネズミをバカにしない ・人を変化させようとする ・自分を変える勇気がある ・諦めない ・自分の失敗を振り返って教訓を得る ・慎重 ・恐怖を乗り越えた ・自分で気付いた	・他人に流されやすい ・考えすぎて行動に移るのが遅い ・周囲に対する観察力がない ・恐怖心から行動ができなかった ・過去にしがみついている ・世話を焼きすぎる ・目先の事しか見えていなかった ・慎重すぎる ・危険を顧みない ・おせっかい

らなのだが…」

「どんな些細な点でも良いから…」

と誘導を続けていくと、必ず疑問が出てきます。この問いかけを行う時に、私自身が疑問に感じる点に事前に目を付けておく必要はありません。極端に言えば、どの回答も理解できる場合でも同じ質問をします。というのは、理解できるのは私であって、学生たちもそうであるとは限らないからです。

「良く注意して見てみれば気付くはずなのだが…」

という調子で問いかけ続けていくと、必ず何らかの質問が出てきます。そして、そこから話し合いが始まっていきます。

質問が投げかけられた回答を発表したグループの中から一人を指名して、どうしてその点を長所、または短所として挙げたかを説明してもらいます。説明を求める時にこちらが注意するのは、発表したグループの考え方を、しっかりとした根拠を示して詳しく説明できるかどうかです。あまり説得力のない説明をした学生、あるいは、自分では充分納得していないのに、グループの誰かの意見に同意しただけだったと見受けられる学生には、その回答（長所、短所）の根拠についてさらに問いかけていきます。

自分のグループが発表した回答の根拠や真意を問われた学生の中には、しどろもどろに

なり、

「分かりません」

と言う学生が出てきます。しかし、この時には、

「『分かりません』という言葉以外なら何でも良いので、自分の思うところを言ってごらん」

と、その学生の考えなり意見なりをとにかく発表してもらうように誘導します。多くの場合、ここでしばらくの間沈黙の時が流れます。

答えを求められている学生だけにとどまらず、クラスの他の学生たちも、

「なぜ、分からないと言っているのに聞き続けるのか？」

と、私を責めるような気持ちでいるかもしれません。あるいは、

「この後、どうなるのだろう」

と、その学生に哀れみを感じている学生もいるでしょう。私は、再び、

「とにかく何でも良いから、自分の思うところを言ってごらん」

と誘い水をかけ続けます。こうすることには意図があります。

ほとんどの場合、学生は、教師の質問に窮すると、

「分かりません」

と返答します。その言葉を聞くと、教師の方は、その学生から回答を得ることをあきらめ、授業を前に進めて行くために、

「――さんはどうですか」

と、次の学生を指名してしまいます。その瞬間、回答できなかった、あるいはしなかった学生は、

「やった、救われた」

「やれやれ」

と安堵の気持ちを抱きます。

学生の「分かりません」という言葉は、

「私が出せる答えはないのだから、次の人に聞いて欲しい。自分を皆の注目下に置くのはもうやめて欲しい。私は、もう考えられないのだから」

ということを意味していると、一般的に教師側は解釈します。

ところが、このような質疑応答の仕方が当たり前になっている授業環境に居ると、学生の方は、

「ある程度努力してそれでも回答が浮かばなければ、その時点で『分かりません』と宣言すれば良いのだ」

ということを、経験として学んでいきます。こうなると、学生たちにとって考えるとは、『時間的に制限された』行為で、一定の時間内に答えが出なければ『止められる』行為ということになってしまいます。

考えるためには時間が必要です。そして必要な時間の長さは、人によって違ってきます。

「——君はどう考える?」

「分かりません」

「それでは——さんは?」

という進み方は、

「予定した範囲まで予定通りに授業を進めたい」

という教師側の願望と、

「少しは努力したのだから、それでも浮かんでこなければ、後は答えにたどり着くことを投げ出しても構わない」

という学生側の勝手な判断が、うまくかみ合うことによって起こっているのです。

しかし、このようなやり取りを繰り返していると、学生が『考える』ことに費やす時間はどんどん短くなり、思考を容易に停止するようになっていき、結果として、学生には何の恩恵ももたらされません。

私が学生に質問する時には、一度思考が始まったからには、必ず何らかの答えにたどり着いてもらうようにします。思考の途中停止は不可なのです。そして、最後まで考え続けてもらうように、すでに決まっている正解を求めるような『閉じた』質問はしないようにします。正解が存在するような質問には、

「分かりません」

というのは、正当な回答になってしまうからです。そうではなく、どれが正解とは言えず、どのような回答でも答えとして尊重できるような、『開かれた』質問をします。この種の質問には、

「分かりません」

という回答は、答えていることにならないのです。その言葉は聞こえなかったことにして、

「感じたこと、思いついたこと、ふと頭に浮かんだことなど何でも良いのだよ、どうかな?」

とさらに水を向け続けます。すると、学生は、「分かりません」という思考停止宣言は、その場を逃れる策としてはもはや通用しないことを悟ります。そして、とにかく何らかの回答を考え出してその場を乗り切ろうと、思考を再開させます。

しばらく時間が経過した後、ついにその学生の口が開かれ、新しい意見や、考え直した

意見が出てきます。これは、例外なく起こります。その意見なり説明にまだ不明確さが残っていれば、その点をさらに問うていきます。またしばらく沈黙の時間があったとしても、その学生は、次の答えを必ず返してきます。こうして、最初に発表された時には曖昧だった回答が、何度も吟味を繰り返していく内に、最終的に、発言者本人が満足し、同時に、聞いている方にも良く分かる回答にまとまっていきます。

当初曖昧だった回答を、何度かの吟味を経て、より明快な回答にまとめることができた時には、その学生の努力を褒めます。そしてその学生に二つの事実に注目してもらいます。一つ目は、一度は「分からない」と言ったのに、その後、回答や補足説明がきちんと出てきたという事実です。「分かりません」という言葉は、

「ある程度考えても答えが思い浮かばないので、この辺りで考えることを止めたい」

という努力回避宣言であるか、

「自分の答えに自信が無いから、皆の前では言いたくない」

という自己防衛反応なのです。これら二つの逃げ道を絶たれると、発言するために考えることに戻っていくしかなくなるのです。そしてその結果、何らかの回答が必ず頭に浮かんできます。

「人は考え続ければ、必ず何らかの答えにたどり着く」

ということを実践したのだということを分かってもらいます。

もう一つは、一連のやり取りを通して、初めは曖昧だった自分の表現が、徐々に具体的で深いものに変わっていったという、

「自分の考えを自分の力で一層明確なものにできた」

という事実です。

一連のやり取りが完了して、私の質問攻めから解放された時に、学生は、自分の意見や見解がより明快になったことにある種の満足感や嬉しさを覚えます。

「分からない」

と言って逃避し、深く考えることをしないでいることは、本来ならば感じられるはずだった前向きな感情を体験する、貴重な機会を逃してしまっていることと同じなのです。学生たちにこの満足感や嬉しさを実感してもらうためには、徹底的な『回答の吟味』が欠かせないのです。

一人の学生とこのような回答の吟味を行った後に、次の学生に意見を発表してもらおうとすると、

「また突っ込まれるぞ」

といった緊張感が教室に漂うのが感じられます。これは、学生たちが、発言の前にその論

理性や明確性に、今までよりも注意を払い始めた証拠でもあります。

このような過程を経ると、議論の題材に対するクラス全体の注意力が高まり、意見の発表とその意見の吟味の繰り返しのプロセスがこのクラスの授業方法なのだと、学生たちが理解していってくれます。またそれと同時に、学生たちは、自分の発言内容が吟味されることによって、最終的には自分でも充分納得した回答にたどり着くことができるというプラス効果にも気付いていってくれます。

さて、こうして、本の登場人物の長所と短所のいくつかを注意深く吟味し始めていくと、それまでは他人事として見ていた黒板に書き出された回答が、個々の学生の中で特別な意味を持ち始めます。そして、そこから、新しい考えや意見、あるいは疑問が湧き始めます。

クラスがそのような状態になって来た時に、決して発してはならない言葉は、

「誰か？」

という一言です。これは教師が学生に質問や意見を求める時に、必ずといっていいほど多用する言葉です。ほとんどすべての学生は、この
「誰か」

という言葉を、

「自分以外の誰か」

と解釈するのです。このように尋ねることは、結局、全員が他のクラスメートに頼る状況を生み出すことになり、結果として、自分から発言する学生は出てきにくくなります。

そこで、この言葉の代わりに私は、

「――さん、この黒板の長所と短所の比較をみて、何か感じることを聞かせてください」

と、必ず特定の学生を指名します。誰でも良いから意見を聞きたいと思っているのではなく、「――さん」の意見が聞いてみたいということを示します。

その学生は当てられて戸惑いますが、それ以前に行われた問いかけによる吟味のプロセスを見てきています。

「特にありません」

という答えは通用しないことはすでに分かっているので、必ず、何か感じるところを発表してくれます。そして、それを受け、

「この意見と同じような意見を持った人はいるかな、――さんはどうかな」

「今、出された意見について、――さんはどう考えますか」

といった形で、他の学生からも次々に発言を求め、出された意見を、また皆を巻き込んで吟味していきます。

教室外エクササイズ ②

自分以外の物事に対する考えを、一般に意見と呼びます。私たちは、普段、様々な物事に対して頭の中で自分の意見を作り出しています。しかし、意見というものは、頭の中にとどまっている間は、まだ未熟な状態なのです。そのような未熟な意見は、いくつ持っていても、本人にとっては特にプラスにはならないのですが、それらをより熟した状態にできれば、それらの意見は自己形成の助けになります。また、成熟させれば、他者に伝える準備も整ってくることになります。

頭の中にとどまっている意見を一歩前進させるには、声を使って音として出すか、文字を用いて文章として書き出すことです。意見を声に出すと、それが耳を通して自分の脳に戻ってきます。意見を文章にすると、それが目を通してやはり脳に戻ってきます。意見は、頭にあったものを一度外に出して、声や文字によってまた頭に戻すという過程を繰り返すことにより、より熟されていくのです。

親や友人、先生等、遠慮せずに意見を交わせる相手がいる場合は、その人たちと話し合うのが意見をまとめる近道です。相手が十分に理解してくれているかどうかの反応を見ながら、また、相手の意見と自分の意見を比較しながら、自分の意見を固めていきます。

自分の周りに注意深く目を向ければ、いろいろなものに対して意見を持つことができます。目の前の道路の車の流れについて、誰かの発言について、ニュースで聞いた事件などについて、あなたの考えを声か文字で自分の外に出してみましょう。スムーズに語れますか。スラスラと書けますか。これらのことが難しいと感じたら、練習を始めましょう。声に出す練習を繰り返せば繰り返すほど、意見を発信する回路が頭の中に築かれ、今までよりも発言することに対する抵抗がぐっと減ります。また、書く練習を継続するほど、頭の中にあるあいまいだった意見が、より明確になっていくことに気付くはずです。

　ここまでがスムーズにできるようになったら、次のステップとして、口頭や文章での意見をもっと分かりやすいものにしようと、言い直す、または、書き直すという作業をしてみましょう。例外なく、二度目の発言や文章の方が良くなります。そして三度目の方がさらに良くなります。別の言い方をすると、一度目の口頭や文章での意見は、自分の意見の中で最も不明確、または、不明瞭なものだと言えます。

　頭の中で作った意見を一度自分の外に出し、それを自分自身で修正することを習慣にしていくと、頭の中に明快な意見の形成回路が築かれ、初めから相手に伝わりやすいように意見を発信できるようになっていきます。

二―三　恐怖の壁に気付く

『チーズはどこへ消えた』という本に関する話し合いでは、登場者の長所と短所について、最終的に全員一致の見解にたどり着くことは目指しません。なぜなら、登場者の長所と短所をクラス全員で異なった観点から吟味する過程で、一人ひとりの学生は自分自身の長所と短所を見つめ直しているからです。この『自分自身の内面の理解』が、この話し合いの、そして、今後行っていくさまざまな授業の重要なテーマです。

この本は、昨日まで自分たちを満たしてくれていたチーズが突然消えてしまった時に、ネズミと小人が何を考え、どのような行動を取るかについての話です。彼らの行動を左右するのは、これから先に起こるかもしれないことに対する『恐怖心』です。

今までの安定していた状況（古いチーズ）が一変し、新しい状況が現れた。これまで馴染んでいた物事（古いチーズ）がもうそこにはない。これまで通用していた対処方法（古いチーズ）がもはや通用しない。そのような状況に置かれた時に、人が事態の改善（新しいチーズ）を目指して新たな一歩を踏み出せるか否かは、

「これから先には、一層悪い事態だけが待っているのではないか」

という恐怖心を、どう克服するかにかかっており、そのような悪い想像は、誰の心の中でも知らぬ間に膨らんでいくものだ、ということをこの物語は伝えています。

これまでの慣れ親しんだ状況が一変したという物語の中の設定は、多くの大学新入学生にとって、自分の状況と見事に重なり合います。大学生活を始めたばかりの一年生は、これまでと大きく異なった環境に投げ込まれているからです。

ある学生は、生まれて初めて親元から離れて、一人で下宿生活を始めています。これまで、親に頼りきっていた食事を、すべて自分で作らなければなりません。掃除や洗濯にかかる時間もバカになりません。その上に、勉強にそれなりの時間をかけなければなりません。

サークル活動やクラブ活動に参加することにした学生は、つい一、二か月前までは先輩と呼ばれる立場にいたのに、今は、最下級生という立場から再スタートしなければなりません。自分のやりたかったようなサークルやクラブがなく、戸惑っている学生もいます。

授業に関して言えば、高等学校時代とは比較にならないような大きな教室で行われる授業もあり、授業の内容も高等学校までの教科の内容とはまったく違い、別世界の話をされているようにさえ感じることがあります。

そして、それらと並んで、友達をめぐる環境の大変化があります。同じ出身校の学生が同じ学部にいる確率は非常に小さく、自分の親しい友人が周りにいる可能性はほとんど皆無です。彼らは右も左も分からないキャンパスで、全国から集まった見知らぬ人たちで一杯になった教室で、そして、自分が所属するクラスというものが存在しない中で、一から友達作りをしなければならないのです。

「友達は欲しい」

しかし、自分から働きかけていくことは躊躇してしまう。

「話しかけていった時に、相手にされないのではないか」

という、相手の反応の不確かさから来る『恐怖心』が心を占めます。

『チーズはどこへ消えた』の中の登場者たちの長所、短所を客観的に分析しながら、学生たちは、大きく変わった環境に対する自分自身の対処の仕方を振り返ることになります。そして、自分の中に様々な恐怖心があること、そしてそれゆえに、自分がある種の行動を取ってきたこと、あるいは、ある種の行動を取ってこなかったことを初めて自覚します。

本講座で行う一連の討論の目標である『自分自身の内面を理解する』ことの中で、自分の中にある恐怖心を客観視できるようになることは、とても重要なことの一つです。この点を討論するのに、『チーズはどこへ消えた』は最適な教材です。

リフレクション

✿ 自分が読んで考えたことと、皆の意見とが違うことに驚いたけれど、いろいろな方向からの考えを聞けて良かった。

✿ いろいろ考えてきたつもりだったが、人それぞれ様々な意見があり、それらの意見を聞いてまた考えさせられた。

✿ 皆の意見を聞き、様々な見解に自分の考えが広くなりそうです。

✿ 今まで本はあまり読みたいとは思わなかったけれど、今日の授業で本が面白そうだと思うことができた。

✿ 本の内容について詳しく考えたことは無かったので、よい経験ができた。自分の意見を主張することは大事だと思った。

✿ 一つの短い物語なのに、こんなに多くのことを話し合い、考えさせられたことに驚いています。

✿ これまで一冊の本について、こんなに深く考えたことや、自分の意見を言って考えを交換したことはなかった。今日は、とても深く考える事ができて良かった。

✿ 自分一人で考えてもあまり出てこない意見も、皆で出し合えばとても多くなり、内容のあるものになると思った。

✿ヘムとホーのことを考えることで、自分の長所や短所、行動などを振り返ることができた。

✿自分だけで読んだ時と、授業をした時では、本の物語が違う感じがした。

✿家に帰って、もう一度読みたいです。

✿本を読んでみて、自分が思ったり考えなかったこともいっぱい聞けた。人はやっぱり、自分の中の恐怖に勝っていかなきゃ成長していくことはできないのだと思った。

✿ヘムとホーの違いは、恐怖に勝つことができたかということだけだったような気がする。でもそれで、恐怖に勝つということがどれだけ大切なことかが分かった。

✿ヘムとホーの性格的な差を通じて、自分の生き方に対してもっと深く考えられるようになって嬉しい。

✿新しいチーズがあるのだと考えることが、恐怖を断ち切る一番良い方法なのだと気付きました。

✿今日の授業で、恐怖に対する自分の考えが変わってとても良かったです。

✿僕は今までたくさんの壁にぶち当たってきた。しかしそれらの壁は自ら作ったものだったのだと、今日初めて思うことができた。目から鱗というか、これから僕の壁はなくなると思う。

教室外エクササイズ③

気の合った仲間と感想や意見を交換し合う最初の本として、『チーズはどこへ消えた』は最適な本だと思います。誰にとっても、本の内容のどこかが自分自身の経験と重なるからです。

前述の授業のように、自分は登場者の誰に似ているかという観点から、本を分析し話し合ってみましょう。また、その本を読み合うことにした仲間一人ひとりが、どの登場者に似ているかをお互いに発表し合うという方法も面白いでしょう。さらには、本の登場者に似ているような思考や行動を取っていると思われる有名人を見つけて、どうしてそう思うのかを発表し合うこともできます。

自分自身、仲間、あるいは有名人の分析が終わったら、次は、それらの人たちの一〇年後はどうなっているかを話し合ってみましょう。現在の思考や行動が、将来どのような違いとなって現れてくるかを想像してみるのです。普段意識せずに行っている行動判断の長期的な影響が実感でき、自分の現在を正確に知ることの重要性を改めて認識できると思います。

二－四　壁の先を体験する

この授業では、恐怖心について一歩踏み込んで考えるために、あるエクササイズを実施します。このエクササイズには広めの空間が必要なので、受講者数の四、五倍の人数が入る教室を用意します。

まず初めに、次のような架空の状況を思い浮かべてもらいます。

「あなたは友人に誘われて、あるパーティーに出かけて来ました。ところが、会場の入り口で会うことになっていた友人から、急用で行けなくなったとの連絡が入りました。すでに会費も払っており、また、会場にまで来ているので、思い切って一人で入って行くことにします。会場内で周りを眺めると、知らない人たちばかりです。知らない人に話しかけていくことには大きな抵抗を感じるのですが、かといって、一人ポツンと立っているのも目立ってしまいそうです」

ここで、次の二点について考えてもらいます。一点目は、今自分がどのような気持ちでいるかです。二点目は、初対面の人と話すことの得意度を、『とても得意』を五、『とても不得意』を一とすると、自分の得意度はいくつだと思うかです。事前に配布しておいた小さな紙片に、二つの問いに対する回答を書いてもらい回収します。回答の集計は、以下に説明する『六人ミーティング』と呼ぶエクササイズが行われている間に行います。

六人ミーティングとは、一言で言えば一対一のおしゃべりです。その手順は次の通りです。

①　入門ゼミが始まって以来まだ話したことがないクラスメートを見つけて、その人とペアを作ります。

②　出席人数が奇数の場合には、残った学生と私がペアを組みます。

③　二人で、教室内の好きな座席につきます。

④　「それでは、これから七、八分時間をあげるので、二人で自由に話をしてください」と伝えます。

⑤　七、八分近く経ったところで、話の盛り上がりをなるべく断ち切らないようなタイミングを見計らって、終了の合図をします。

⑥　次に、まだ話したことがないクラスメートの中から二人目を見つけて、その人とペアを組み、同じように七、八分間自由に話をしてもらいます。

⑦　これを、六人目まで合計六回繰り返します。

⑧　ペアを組む相手は同性だけに偏らないようにし、異性も数人含めるという条件を付けておきます。

六人と話をするのに一時間弱かかります。六人目との会話が終わったところで、再び小さな紙片を配り、エクササイズを始める前に尋ねたのと同じ二つの質問をし、再度回答を書いてもらい回収します。

その後、近くに座っている別のペアと組んで四人一組のグループを作り、グループごとに、このエクササイズから学び取れることについて話し合ってもらいます。この間に、二度目の回答を集計し、得意度に関して、一度目と二度目のアンケート結果をグラフにして黒板に表示します。

適当な時間を見計らって話し合いを終了し、話し合いの結果をグループごとに発表してもらいます。

「怖がっていたほど、話すのは大変なことではなかった」

「人は見かけによらないと分かった」

「話題がどんどん出てきてびっくりした」

「自分の新しい面を発見できた」

等など、新しい発見や驚きに関する感想が次々に出てきます。

ここで、黒板に書いた、エクササイズの前と後に分けて行ったアンケート調査の結果である、図3のようなグラフを見てもらいます。

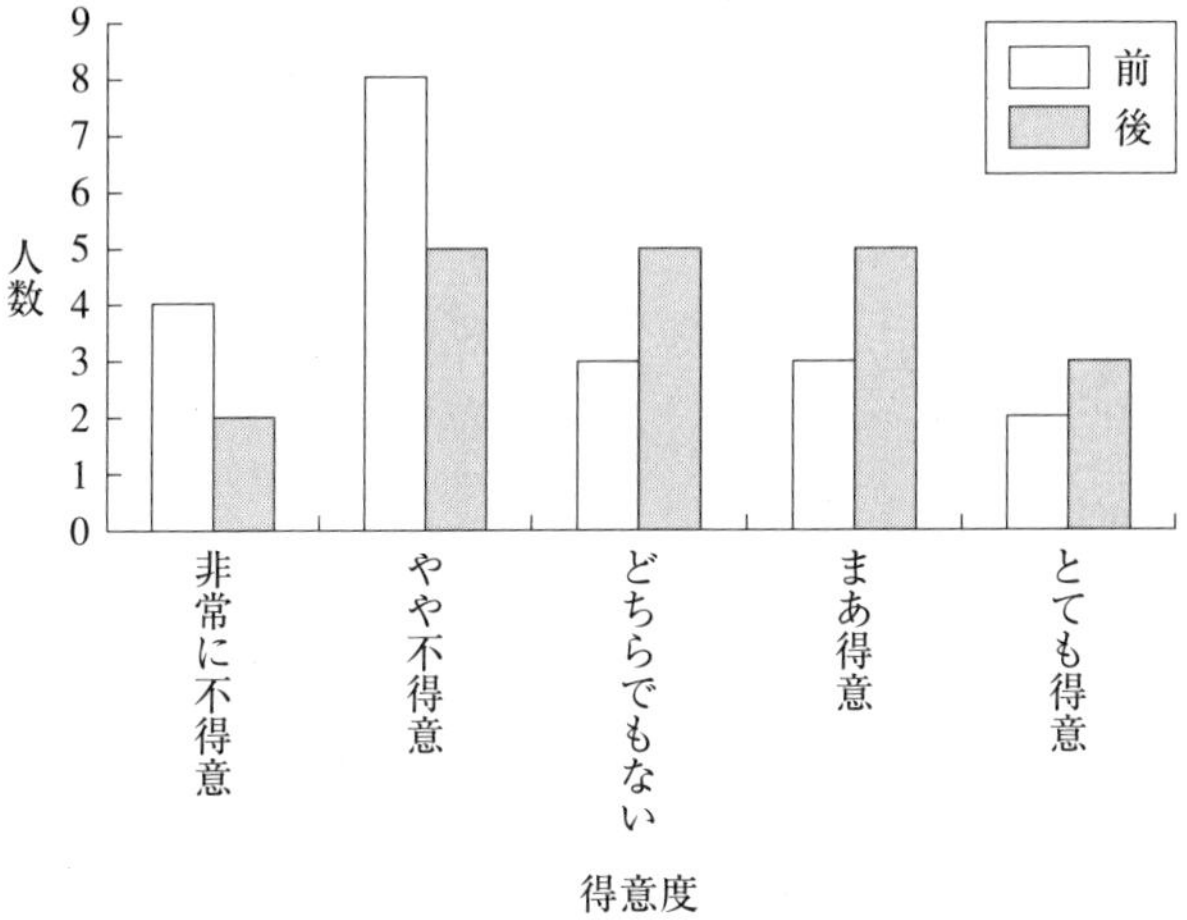

図3　アンケート結果

クラス全体の分布が、エクササイズの後には、不得意の方向から得意の方向へかなり移動したことが、一目瞭然で分かります。また併せて、アンケートの一つ目の問であったパーティー会場での気持ちに関して、エクササイズの前と後でどのような回答が出されたか、いくつかを紹介します。それらの感想にも、気持ちの大きな変化が読み取れます。そこで、学生たちに、

「このように態度や気持ちが変わった理由は何だと思う」

と、問いかけます。この質問をきっかけにして、六人ミーティングを振り返って、それぞれが考えた事や感じたことについて意見を交換していきます。やがて、クラス全体がある事実に気付いていきます。

それは、ほとんどの学生に共通していたことで、自分の心の中にある『恐怖の壁』が、自分に、初対面の人と話をすることを不得意だと感じさせていたという事実です。

このエクササイズでは、

「ペアを作って数分間、自由に話をするように」

というルールを決めることよって、

「苦手だから、話したことのない人とは話さない」

という選択肢を、参加者から取り除きました。つまり、恐怖の壁の前でたじろいでいることが起こらないように、エクササイズを進めたのです。

そのような状況に置かれると、学生たちはかなり抵抗を感じて、緊張した様子を示します。しかし、ルールにのっとって、二人目、三人目と話をしていく内に、教室内の雰囲気がどんどん変わっていくのが分かります。彼らは、そのように話をすることをとても楽しく感じるようになっていったのです。そして最後には、

「もっと長く話したかった」

「六人といわずクラス全員と話したかった」

と感じるまでに変化していきました。

会話の内容自体が楽しかったことももちろんあるでしょうが、そのように初めての人と

話すことが楽しくなっていった大きな要因は、
「それまで避けてきたことをやってみたところ、そこから新しい何かが得られ、自分の新しい面が発見できた」
という感触が得られたからです。今まで気付かなかった、あるいは無いと思い込んでいた自分の一面に気付くことができたのです。

この六人ミーティングの目的は、恐怖の壁が無かったらどんなことが起こるかを体験してもらうことです。そしてこの体験は、自分が思い込みで勝手に心の中に築いてしまう『恐怖の壁』によって、今までどれほど楽しいことや充実したことを体験する機会を失ってきたかを、再認識するきっかけになります。

『チーズはどこへ消えた』という寓話から学んだ重要なメッセージを、頭の中の知識にとどめずに、体験を通して一層深く理解してもらうことができます。

リフレクション

✿ いろいろな人と話せるようになった。シャイな性格を直すことができたかもしれない。

✿ 話すのが苦手じゃないということが分かった。結構楽しいと思った。

✿ 自分は人と話をすることが得意ではなかったが、話すうちに、自分ってこんなにもしゃべる人間だったのかと思った。

✿今日は今までで一番自分の中で充実していました。僕は本当に人見知りだったが、今日の授業で少しは壁が取り外されたので良かった。

✿話す前と後での自分の気持ちの変化に気付いてよかった。本の実践をしていることで、より本の意味が分かった。

✿今日は本の実践だとは思ってもみなかった。言われてみれば、自分ができないと思って実行せずにいることが多いのに気付かされた。

✿チーズの話のように、本当に自分で壁を作っていただけで、外に踏み出せないなんてことは無いことが分かった。

✿みんな良い子で、話しやすくて、そういうことが発見できたことが嬉しかったです。残りの子達ともまた話してみます。

✿今日思ったことは、人と人とのつながりはとても重要だということ。

✿話すのに少し慣れました。これから、分からないことや見知らぬ人にも話をしていきたい。

✿コミュニケーションの大切さが分かった。初めは本当に話すことが苦手だったけれど、自分から積極的に話すことが大切で楽しいことであるのが分かり、本当にためになる授業だった。

✿苦手だと思っていたことも、やってみると楽しいのだなというのが実感できました。

✿今日の授業はすごく面白かった。大学では「一人だけでやって行けそ」って思ってたけど、やっぱり友達は欲しい。今日は、友達作りに対する抵抗がなくなった。

✿なぜこんなことをやるのか、面倒くさいと思っていたけれど、やってみたら話せたことに自分でも驚いたし、しゃべるとやっぱり楽しかった。きっかけだけで変わることもあるのだと知った。

✿今日の授業の教訓は、これから大切になると思った。

✿「自分から話しかけることがマイナスになることは無い」、ということが経験できてとてもためになった。

✿自分が自分で壁を作っているのに気が付いた。相手を探り合っているのはお互い様なのだから、壁を取り払っていきたいです。

✿自分から心を開けば、友達も心を開いてくれることが良く分かった。見た目で話しにくそうと判断していたけれど、実際はすごく話しやすかった。

✿なぜかこのゼミに出ると気が楽になった気がする。毎週、心の中の障壁が少しずつはがれていっているのかもしれない。

授業を終える前に、次週までの課題を二つ出しました。一つは、「自分の受講している授業の中で、できれば違う先生に、合計三回質問をし、質問の前後で自分の気持ちがどう変化したかをレポートにまとめてくる」というものです。この課題では、

「大学の先生に質問するなんて！」

という心の中の壁を、自分の意識と力で取り除く経験をしてもらうことを意図しました。また同時に、大学のほとんどの教員は学生からの質問には丁寧に答えてくれるので、そのような体験を、入学したての早い時期にしておくことが、彼らの今後の勉強の助けになればとの期待もありました。

幸い、すべての学生が、質問をした教員からきちんと対応してもらえたので、翌週彼らの提出したレポートには、

「大学の先生も、高等学校までの先生とそんなに違わずに話しやすかった」

「構えたほど大変なことではなかった」

「これからも分からないところは質問していこうと思った」

といった前向きな感想がたくさん見られました。

六人ミーティングも、その応用編として出したこの質問課題も、多くの学生が共通して

持っている壁を取り除くことを目的としましたが、大事なことは、個々の学生が、これらの体験をきっかけにして自分の内面を見直し、固有の壁に気付き、そしてその壁を自分の力で取り除いていけるようになることです。そこで、『壁』に関する授業の総仕上げとして、「これまで無意識の内に築いてきた壁を見つけて、それを壊してくる」ことを、二つ目の課題として出しました。

一週間後、学生たちは様々な体験の報告を提出してきました。そのうちのいくつかを紹介します。

＊　高等学校の時に、日商簿記検定二級を自分と一緒に取った友人が、別途専門学校にまで通って一級の勉強をしていたが、合格できませんでした。その時に、私は、「あれだけ勉強しても一級を取るのは難しいのだ」と知りました。その結果、一級を取るのは自分にできるはずがない、ましてや税理士にもなれそうにないと考え出し、日商一級、税理士試験の勉強をしても受からないと決めつけ、挑戦することに壁を作っていました。……もう一度チーズの本を読み返してみて、その後に自分のことを良く考えてみると、自分はまだ挑戦もしていないのに、はなから諦めていたことに気付きました。……「まだ今から挑戦してもいいのじゃないか」、「何で挑戦する前に諦めていたんだ

ろう」と思い、バカらしくなりました。……チーズの本にあったように、そんな自分を自分で笑うことによって、自分で作っていた日商一級に挑戦するということに対する壁がすーと消えて、変な言い方をすると前がパッと明るくなり、希望というか目標ができた感じでした。……この壁を破ったおかげで、「自分には無理と考えていた他のこともできるんじゃないか」と思うようになりました。（男子M）

＊

僕の壁、それはたくさんあると思いますが、強く思えるのは自分と他人の間にある壁だと思います。……今回はそれを取り除くことにしました。……二日間のスーパーのバイトがあり、一緒に働く人が四人いました。いつもの僕なら、仕事上必要なことだけをその人たちに聞いて、後はできるだけ関わりを持たないようにしていますが、今回は自分から話しかけるようにしました。まずは近くにいた一人と、僕の興味のある野球の話をしたところ、相手もそれに関心があったので、意外に話が弾みました。それから、その人は、今までどこで働いたとか、そこで何があったとか、色々楽しい話をしてくれました。……同様に、他の人とも楽しく話ができました。……二日間ではありましたが、僕は他人と今までよりも仲良くなれたなあと思いました。……こんな風に自分から話したり何かをして壁を取り除くと、良いことばかりなんだということ

たらいいなあと思います。（男子N）

が改めて分かって良かったです。これからも壁を取り除いて、色々な人と仲良くなれ

＊

僕は高等学校一年の時に、小学校二年生の時からずっと続けてきた野球部をやめてしまった。やめてしばらくすると毎日がすごくつまらなくなり、もう一度、長年続けてきて自分が一番好きで自信のある野球に戻ろうと思った。でもその時は監督の先生とも仲が悪かったし、一回やめたくせにまた戻ると周りの人達に一体どのように思われるかが心配になり、結局、僕は野球に戻るという道から逃げてしまった。……大学に入ったら野球をやろうと考えていたんだけれど、入学して右も左も分からずあたふたしているうちに、野球サークルの新入学生歓迎会も終わってしまって、もうすでに新しい活動が始まってしまっていた。知り合いもいなかったし、途中から入るのもちょっと入り辛かったので、「また野球をするタイミングを失ってしまった」と思っていた時に、このゼミで、壁を作っているのは自分自身だったということに気付いた。そこで、野球サークルに行ってみた。そうしたら、先輩も同級生も僕を歓迎してくれて、たった三、四時間の活動ですっかり溶け込むことができた。また野球ができることになって本当に良かった。（男子Y）

＊

チーズの本を読んで壁について考え、自分の壁は何だろうと探していたら、ある時友達と話している時にふと、「私の壁はこれだ」と気付いた。気付いてからは、これまでの色々な出来事が思い当たった。初めて会った人とは上っ面でしか接することができない。初対面から自分をさらけ出している人には、どこか苦手意識を持ってしまう。多くの友達と話していると、自分は何も楽しくないけれど笑っていたりする。また、大学に通い始めてから電車に乗ることが多くなったけれど、電車の中でカバンなどがぶつかったりしても、「すみません」などの言葉が出ないということにも気付いた。……とにかく声を出すことが大切だと思った。なかなか難しかったけれど、電車の中でぶつかったら「すみません」とか、前の人が物を落としたので拾って「ありがとう」と言われた時に、「どういたしまして」とか、思っていることを言葉にするようにした。……友達と話していても、自分のことを良く話すようになったし、意見や気持ちなども言うように努めた。その結果、友達とは今まで以上に仲良くなれた気がする。仲が深まったと思っている。自分の意見を言った時に、以外にも相手も同じ意見だったり、相手が自分の考えていることと違っていることを考えていたら、自分はそう思わないとハッキリ言って、お互いの考えを話し合えた。相手のことが良く分かるようになったし、自分のことも良く分かってもらえたと思う。またあまり話したことのない人にも、あいさつしたり話しかけたりできた。そうやって話していたら、心から笑えるようになった。……電車の中では、これまでぶつかったりしたら気まずい空気が流れていたけれど、謝れば許してもらえるし、嫌な空気にならなかった。『動く前に言葉あり』というけれど、『動く前にも、動いてからも言葉あり』だなぁと思った。（女子M）

＊

僕は壁というテーマについて考えた時、実に様々な壁、偏見を持っていることに気付きました。……僕は自分の信念や正義感を持っています。そして僕の壁、それは自分の信念や正義感、プライドを捨てないこと、貫き通すこと。自分の中で一番大切なのは信念やプライドと思い、交際している彼女と喧嘩しても、これまでは謝罪しようとも思いませんでした。しかしお互い距離をとっている内に、段々自分の中で何が本当に一番大切なのか考えが変わってきました。……本当に自分が守りたいのは、正義感やプライドといった壁ではなく、彼女でした。……育った環境も違えば考え方も違う、だからお互いの価値観も違う。しかし、だからと言ってそこで諦めるのではなく、とことん話し合って、好き同士だから頑張ろうと思えて、また次のステップに踏み出せるのだと思います。……自分を守ることも必要だとは思いますが、自分ばかり守らず、

勇気を持って相手に近づくことも良いと思います。僕は実際にそれをして、清々しい気持ちになれました。（男子A）

教室外エクササイズ④

日本人は、初めて会う人に声をかけることに大きな抵抗感を覚えるために、自分のグループの外の人とは積極的に交流を図ろうとはしない傾向にあります。

六人ミーティングで学生たちが発見したのは、

「グループ外の人と距離を置いておくことは、自分にとって良いことではなかった」

ということです。

「勇気を出して話しかけても、どうせ……」と決め付けていたところが、話しかけてみたところ、思いもよらなかった発見があったのです。

このような『先入観』から脱するには、

「話しかけたからといって、天と地がひっくり返るわけではない」

と居直って、とにかく一度、話しかけてしまうことです。

同じクラスやクラブの中にいるのだけれど

も普段はあまり話をしない人に話しかけてみましょう。話のきっかけに使う話題は、

「自分はこの間の週末に――をしたけれど、あなたは何をした?」

でも、

「昨晩――を見た?」

でも、自分が話せることであれば何でも良いのです。

いざ声をかけようとすると、

「話が合わないかもしれない」

「怖そうな人だな」

といった気持ちが、いつものように湧いてくるだろうと思います。これらが、先入観です。その時には、

「この人と話をしてみて、話が合わなかったことがあっただろうか」

「話をしてみて、怖いと感じたことがあっただろうか」

と、自分に尋ねてみましょう。きっと、そのような経験は実際には無かったはずです。それなのに、頭の中では、そうなると決めつけていたことに気付くはずです。

一〇メートルの高さの所から飛び降りてから、無謀なことをしたと発見するのでは遅すぎますが、話しかけるという行動は、行動を取ってみてから何か発見をしても遅すぎません。行動を取る前の段階での「どうせ…」という結論、つまり自分の先入観が、正しいかどうかを検証してみるという目的でまず話しかけてみましょう。

もし、事前に心配していたような結果になったら、あなたには外見から人を判断する才能があるのかもしれません。それが事実かどうかを確かめるために、あと二、三人に話しかけてみましょう。きっと、そのような才能を持っていると思ったのは勘違いだったことに気付くでしょう。一方、もし、心配していたような事態には至らず、思いがけない良い発見があったら、その事実を素直に喜びましょう。同時に、話をすることなしに相手の人物像を作り上げてしまうことは、結局自分にとっては損になるということが実感できると思います。いずれの場合も、話しかけるという行動を取ることにより、行動しないで相手と一定の距離を保ち続けていたならば、決して得られなかった発見を必ずします。これが行動に踏み出すことの利点です。

こうして、普段なら話さないような人にも話しかけるという試みで、『恐怖の壁』を自分から崩すことを体験できたら、次は、先入観に基づいて築き上げてきたその他の壁にも目を向けましょう。自分が新しい方向に一歩踏み出すことを妨げている心理的なもの、それが壁です。

その壁をより明確に意識できたら、何が起こるかもしれないと恐れているのか、その心配や恐れの根拠は何なのかを突き詰めてみましょう。そこには、行動を取る以前に出している結論である『先入観』が、必

ずあることに気付くはずです。そこまで、分析できれば、

「先入観は根拠が不確かな思い込みなので、それに縛られるのはバカらしい」

と居直り、行動するのみです。行動に移れば、先入観で踏みとどまっていた時には得られなかった発見が必ずあります。

最後に、行動を取る際には一つ重要な注意点があります。それは、『良い結果』を強くイメージして行動することです。

「どうせ心配していた通りになるとは思うけれど…」

といった思いで行動すると、そのような結果になることがとても多いからです。

小学校の体育の跳び箱の授業で、

「どうせ自分には跳べない」

と思って助走した時には、ほぼ一〇〇パーセント、思った通りに跳べなかったはずです。しかし、何回、あるいは何十回かの挑戦の末に、ついに跳べた時の助走では、跳び箱の上を自分の体が跳び超えていく姿を思い描いていたか、結果は考えずに心の中は無心だったはずです。

壁を破る行動に出る時もまったく同じことが起こります。無心で一歩を踏み出すか、良い結果になっている状況を先に想像してから行動に出るのです。そうすれば、心配していた通りの悪い結果になることだけは避けられます。

二―五　大学で学ぶ意味を確認する

新入学生が、入学から数週間が経った時点で、大学で学ぶことの意味をじっくりと再確認してみることはとても大事なことです。なぜならば、第一章で述べたように、高等学校時代に、大学に進学する意味や大学で専攻する学問についてじっくりと考えてきた学生は少なく、多くの学生にとっては、気付いたら大学が始まっていたというのが現実だからです。入学当初にこのような時間を作らないと、結局は卒業まで大学に来た意味を自分で確認する機会はなかなか訪れず、就職活動が終わった時に、「この日を迎えるために自分は大学に来たのだ」と、後付で理由をつけるようなことになってしまいます。

クラスを三、四人ずつのグループに分けて、

「学ぶとはどういうことか」

「大学と高等学校までは何が同じで何が違うのか」

という二点について、グループごとに話し合ってもらいます。二〇分ほど時間を取った後に、各グループに、グループ内で出た意見を順番に発表してもらいます。それらを黒板に書き出す際には、黒板の左側に学びの定義を、右側の上段に高等学校と大学の類似点を、

右側の下段に相違点をまとめていきます。

学びの定義としては、

＊ 自分の知らないことを知る
＊ 知識を得る
＊ 常識を知る
＊ 自分の考えを持つ
＊ 能力を養う
＊ 人間的に成長する
＊ 人間を作りあげる
＊ 同じ失敗を繰り返さない

などが挙げられました。一方、高等学校と大学の相違点に関しては、

＊ 高等学校では一般的知識を教えてもらうが、大学では専門的知識を勉強する
＊ 高等学校には校則があり遵守を指導されるが、大学にはそのような校則は見当たらない
＊ 大学では自由におしゃれができる
＊ 大学では高等学校の時ほど怒られない
＊ 大学は金銭的負担が大きい

＊　大学は高等学校よりも個々の学生の自主性が尊ばれる
＊　大学ではすべてに自己責任が求められる
＊　大学では授業を休みやすい

といった回答が挙がりました。

すべての回答を書き終え、全体を見渡す時間を少し取ってから、学生の一人に、黒板に書き出された回答のどれにでも良いので、質問をするか疑問を投げかけてもらいます。回答の意味や意図を確認するような質問でも構いません。

これは、チーズの本を分析した時に、黒板に書き出された登場者の長所と短所を全員で吟味した時にしたことと同じです。この問いかけは、他人の主張や考えを無条件に受け入れることをせず、必ず自分の意見や主張と対比させながら理解する、という習慣を身に付けてもらうために欠かせません。

チーズの本の分析の時に、一度このようなやり取りを経験してはいますが、こちらの問いかけに対してすんなりと質問が出てくることはなかなかありません。小学校から高等学校までの長い間、他人の意見を自分の意見と比較しながら注意深く吟味するという行為を、満足に経験して来なかったのですから無理もありません。

若い人たちが自分の意見をなかなか発表できないことの背景には、他者の意見は聞く一方であるか聞き流してしまい、『自分はそれをどう判断するのか』という、他者の意見への積極的な関わりをこれまでしっかりとして来なかったことがあります。相手の意見に対する理解の仕方を、そのようにあいまいなものにしておくことは、結局は自分の意見もあいまいなままにしておくことになるのです。そのようなあいまいな意見は、当然のことながら人の前で発表するには心許無いものです。その結果、自信を持って話すことがますますできにくくなっていってしまうのです。黒板に書き出された回答を、様々な視点から吟味していく過程を経験することにより、学生たちに、他人の意見への積極的な関わりを体験してもらうのです。

今回の話し合いのテーマである『学ぶ』ということの定義については、クラスで一つの結論にまとめようとはせずに、

「――さんが提示した定義について、あなたはどう考えますか」

という問いかけを繰り返していきます。

話し合いのもう一つのテーマである『高等学校と大学の類似点と相違点』に関しても、同様に、黒板に書き出された回答を一つひとつ吟味していきます。

その後、学生たちに、どの相違点が、高等学校までと最も根本的に違っていると考えるかを投票してもらったところ、

＊ 重い自己責任と引き換えに自由を満喫できる
＊ 大学では、好きな、または、やりたい仕事に直結した専門を学べる
＊ 大学では自分探しをする
などが上位を占めました。
このような話し合いを通して、自分が大学に来た意味の再確認と、これからの大学生活で達成しようとする事柄がより明確になってきます。

リフレクション

✿ 『学ぶ』ということから『責任』ということに話が展開していき、大学四年間の意味を考えさせられたような気がします。出された意見に質問したのが、意見をより深いものにしていたような気がしました。
✿ 今まで深く考えたことがなかったことを考え発言することで、自分でも気付かなかった自分が見えてきた。
✿ 自分の意見に質問をされ、自分の思っていること、メッセージを、相手に伝えられたので良かったし気持ち良かった。これからの大学生活への気合が入った。
✿ 今日の話し合いは本当に難しくて、自分の中の意見がなかなかまとまらなかったが、

皆の意見を聞いて少しまとまったと思う。

✿ 学ぶとは、自分が思った以上に大きなものであることを知った。

✿ 学ぶことと大学生活について、とても深く考えさせられました。なんか、自分の生活について、「ああー」と思うことがたくさんありました。

✿ 今日の話し合いは深かった。周りの皆はしっかりとまじめに考えているのだなと思ったら、急に疎外感を感じた。自分はなんてフワフワしながら大学に来たのだろうと考えさせられた。やっぱり楽しいだけじゃダメなんですよね。

✿ 今日は大学生活について色々考えたが、自分はここまで考えて生活していなかった。

✿ 今日の授業では、自分のやりたいことが改めて分かって良かった。これから頑張っていこうと思う。

✿ 大学へ来た意味を考える機会がなかったので、自分なりに考えられて良かった。

✿ 改めて自分が大学に来た目的を確認できた。

教室外エクササイズ⑤

心のどこかに引っかかってはいるのですが、あえて注意を向けないようにしている問いに、

「なぜ高等学校に来たのか」
「なぜ大学に行くのか」
「なぜ大学に来たのか」

というものがあると思います。世間の常識に従うように高等学校や、さらには大学への進学を決めたとしたら、これらの問いに対する自分の答えを、まだはっきりと見いだしていないでしょう。このような話題について表面的に話し合うことはあるかもしれませんが、今回はもう少し掘り下げてみましょう。

気の合った友人数人と集まり、これらの中から該当する問いを選び、一人記録係を決めます。そして、真ん中に白紙の紙を一枚用意します。まず一人目が自分の考えを発表し、記録係がその意見の要旨を紙に書き留めます。その他のメンバーの最初の意見も、同じようにすべて書き留めます。こうして参加者全員が最初の意見を述べ、それを記録し終えたら、それらの要約を全員で見て、どの意見とどの意見に共通点があるが、相違点があるか、または、どの意見とどの意見がどのように関連しているかを、全員で吟味していきます。相手の説明が分かりにくい時には、説明のどの部分が分か

りにくいかを明確にして、再度説明をしてもらいます。反対に、自分が説明を求められた時には、具体例を挙げて、さらに詳しく説明をする努力をします。

こうして、一つひとつの意見や考え方の真意や根拠を、皆が納得するまで話し合うことを続けてみましょう。その問いを、数ある話題の一つにしていた時とは違った発見があるはずです。

二―六　Painを乗り越えPleasureを味わう

今回の授業のために、一週間前に、

「自らを高めたりしっかりさせるなど、自分にとって良いと分かっているのにこれまでしてこなかったことを一つ選び、それを一週間やり通してくる。そして、その結果と一週間が終わった時の気持ちをレポートにまとめて来る」

という課題を出しておきました。

学生たちが取り組んできた事柄には次のようなものがありました。

＊ いつもよりも一本早い電車に乗って大学に来る
＊ 家で洗濯物を取り込んだり食器を洗ったりと、母親の手伝いをする
＊ いつもは相槌ぐらいで済ませていた家庭内での挨拶を声に出してする
＊ 親に任せて放っておいたペットの散歩をする
＊ 毎日必ず復習をする
＊ 資格試験の勉強を毎日決まった時間行う
＊ 新聞に目を通す
＊ 筋肉トレーニングをする
＊ 毎日一定距離をジョギングする
＊ エスカレーターに頼らず階段を上り下りする

どれもあまり大した事ではないように聞こえるかもしれませんが、自分自身がこれらのことをきちんとしているだろうかと振り返ってみると、学生たちがこれらの事柄を先延ばしにしてきたことにも頷けると思います。

授業ではまず、一週間課題を最後までやり遂げて来たかどうかに応じて、クラス全体を達成したグループと達成できなかったグループに分けます。さらに、各グループを三人一組の小グループに分けます。その後、各小グループ内で、

「なぜそのことをしようと決めたのか」

「どうして達成できたのか、あるいは、できなかったのか」

「課題を終わってみての気持ち」

の三点について意見交換をしてもらいます。

二〇分くらい経ったところで、話し合いの結果を発表してもらいます。それを黒板に書き出していきますが、この際に、黒板を左右に二分割し、左側を達成グループからの報告、右側を未達成グループからの報告用に割り当てます。そして、左右それぞれの上半分には終わってみての気持ち、下半分にはそのような結果になった原因を書くようにし、各グループからの発表を、この四分割された各欄に表2のように順次書き出していきます。

全てのグループからの回答を書き終えたら、全員で、個々の回答内容を吟味していきます。まず注目するのは気持ちの欄です。達成グループからの感想には、

「満足」

「嬉しかった」

「やってよかった」

「思ったほど大変ではなかった」

「やっている内に楽しくなってきた」

表２　達成と未達成

	達　成	未達成
気持ち	・満足 ・嬉しい ・やってよかった ・いい気分 ・思ったほど大変ではなかった ・やっているうちに楽しくなってきた ・今後も継続して行きたい	・悔しい ・悲しい ・残念 ・もう少し頑張れたらと後悔 ・もっとできたはず ・継続は難しい ・意志の弱さを反省
原　因	・設定した課題が好きなことだった ・嫌になった時もあったが、やらなければと思った	・自分の意志が弱い ・自分に甘い ・やる気が足りない ・重要視していなかった ・やらなければという切羽詰まった危機感が無かった

「今後も続けたい」

といったような、自分にとってプラスになったという気持ちが並びます。他方、未達成グループからは、

「悔しい」

「悲しい」

「もう少し頑張れたらと後悔」

といった落胆と情けなさを示す感想が出されます。

これらの感想を比較して明らかなのは、この課題が、二つのグループに正反対の感情を抱かせ、正反対の意味を持ったということです。

達成グループにとっては、この課題は、これまで「やらなければ」と気になっていたことを実行することを自ら決断し、実際

にやり遂げたという実績を残しました。その結果、この一週間課題は、「自分はやればできるのだ」という事実を改めて認識させてくれた、意義あるものになりました。他方、未達成グループにとっては、この課題は、自分の意志の弱さと行動力の足りなさを改めて明らかにし、自分を情けなく感じさせる出来事になったのです。

この課題を出した第一の目的は、学生たちにこの両極端の結果に注目してもらうことです。そして第二の目的は、その上で、どうしてこのような正反対の意味付けが起こったのかを理解することです。

ロビンズは、『Awaken The Giant Within』の中で、人間の行動は、その人が『Pain（苦しさ、大変さ、痛みなど）』と『Pleasure（喜び、楽しみ、快感など）』に対してどう対応するかによって決定されると述べています。

学生にとって身近な例を挙げましょう。ある資格試験の試験日が迫っているとします。学生Aさんは、これまで趣味や娯楽に当てていた時間や、友達と楽しく過ごしていた時間を削り、試験に向けてこつこつと勉強をすることにします。それは、それまでの楽しかった、あるいは気楽だったPleasureな生活形態を、机に向かう時間が大幅に増えるPainな生活形態に変えるということです。そのように変えたからといって、合格が保証される訳ではありませんし、受験の結果が、不合格というPainになってしまう可能性はもちろんあります。しかしながら、Painを強いられる生活形態から逃げずに努力を継続していく限り、Aさんは、合格というPleasureに着々と近づいていきます。

一方、学生Bさんは、試験日が迫っているにもかかわらず危機感を感じず、またやる気も起きず、勉強に当てるべき時間を、それまで通り趣味や娯楽、友達付き合いの時間に当て続けたとします。この時にBさんは、机の前に座って地道に勉強をするというPainを避けて、今現在、別の楽しいことをするというPleasureに身を委ねていることになります。しかし、この結果、Bさんは、目先のPleasureは享受することができますが、そんなものより も遥かに大きな合格というPleasureからはますます遠のいていきます。そして、それは同時に、不合格という大きなPainに限りなく近づいていっていることを意味しているのです。

このように、PainとPleasureは、一つの行動に必ず対になって現れます。この事実は重要です。そして、さらに重要なのが、この二つは同時には起こりえずに、片方を先に起こすと、他方は必ず後になって起こってくるという事実です。このことを改めて体験して、PainとPleasureの密接な関係を再確認してもらうのが、今回の授業の目的です。

なぜわざわざ大学生にこの関係を説明するのかというと、二つ理由があります。まず、すべての学生が、このようなPainとPleasureの起こり方を今までに体験したことがあるはずなのですが、その過程を分析し、両者の関係を知識として理解したことは無いからです。

この知識の有無は、その人の行動を大きく左右します。

二つ目の理由は、大学に入学し、高等学校までには無かった自由に恵まれた時に、PainとPleasureを誤った順番で選択する大学生があまりに多いからです。彼らはPainとPleasureの表裏一体の関係に気付かずに、目の前にあるPleasureの方を次々に追い始めます。そして、目の前に立ちふさがる、耐えるべき、あるいは乗り越えるべきPainに対しては、そこから逃れる方法を探し求めます。そうすることの方が、今Pleasureだからです。しかし、このPleasure優先主義の行き着くところはただ一つです。それは『自己の成長の停止』です。第一章の第四節で、

「若者の中でも大学に来る若者は、潜在的に成長意欲が強い」

ということを述べましたが、Pleasure優先主義はその成長を起こさせないのです。

「授業に遅刻するのは分かっているけれども、ベッドから起きるのはPainだからもう少し寝よう（Pleasure）」

「新聞や本を読んだ方が良いのは分かっているけれど、活字を追うのはPainだからいつものようにマンガを読もう（Pleasure）」

「時間はあるけれども、予習・復習をするのはPainだからテレビを見よう（Pleasure）」

「相手とじっくり話し合って理解し合いたいのだけれど、そう働きかけることはPainだ

から、なるべく当たり障りのない話で済ませておこう（Pleasure）」

「将来の方向を真剣に考えなければならないのだが、じっくりと自分を見つめることはPainだから、サークル活動やバイトに没頭しよう（Pleasure）」

学生たちの多くは、このようにPainに直面した時に、そこから逃れることをまず考え、そして、その時々の気持ちに流されるままに、手近なPleasureの方へ行動していってしまうのです。その結果として、後々に何が起こって来るかということまでは想像せずにです。

私は、学生たちに、目の前のPainから逃げない意志と力を養って欲しいと願っています。なぜなら、Painを避けて手近なPleasureに走ってしまうと、そのPainを乗り越えた所に待っている、充実感、満足感、生きている実感といった、遥かに大きなPleasureを逃すことになるからです。そのような大きなPleasureを実感した人は誰でも、

「これまでPainを感じながらも継続してきたことに意義があった」

と、間違いなく感じます。

人はPainを、それも大きなPainを乗り越えて何事かを成し遂げた時に、生きている喜び、つまり、自分の存在の歓喜を感じることができるのです。またそれは、その人が、人間として以前よりも高次の次元に立つようになった証でもあるのです。成長を実感した時、つまり高次の次元に立てた時に、人は何物にも代え難い喜びを感じます。このような体験を

一度すると、目の前の安易なPleasureよりも、先にあるより大きなPleasureを目指して進んでいくようになります。人間の行動の根幹にこのPainとPleasureがいつも働いていることを理解すると、自分が成長するためには、今どういう決断をすべきかがはっきりと分かってきます。

達成グループと未達成グループの気持ちの比較を行った後には、達成グループの成功の要因の分析を行います。

まず明らかになるのは、課題を一週間やり遂げた学生たちは、一度やると決めたからには、その『決意』を変えなかったという事実です。都合の悪いことや誘惑されるようなことが起こり、決意が揺らぐこともあったでしょうが、彼らは自分の決意を最後まで放棄しませんでした。

もう一つは、達成グループの学生たちは、目標の実現のための『行動』を、何があっても止めませんでした。課題を始めてしばらくは、この行動を続けるということに誰もがPainを感じるものです。

「大変だ」

「止めたい」

「何でこんなことやっているのだ」

といった気持ちが必ず湧いてきます。しかし、彼らはこのPainの気持ちを乗り越えていきました。Painは感じるけれども、とにかく続けました。

すると、やがて

「課題として決めたことを継続することが、以前ほどはPainには感じない」

という段階に至ります。そして、終盤には、これまで避けてきたその課題を継続することが心地良くなっていきます。こうして初期のPainが、途中からPleasureに変わっていきます。

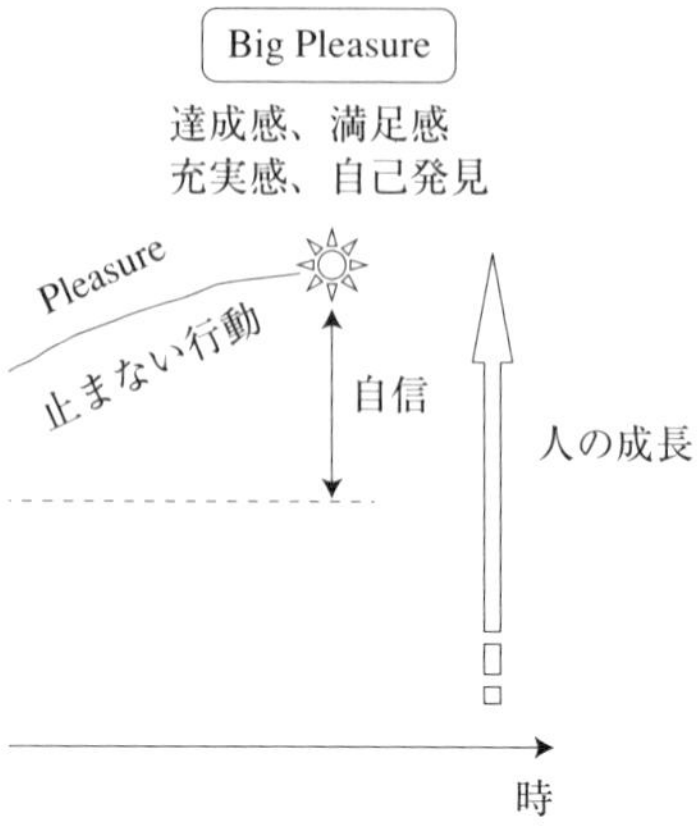

一週間、決意を覆さずに行動し続けて、最終的に課題をやり遂げた時、学生たちは大きな充実感と満足感を感じます。このような感情は、

「嫌（Pain）だとこれまで先延ばしにしたり避けてきたことを、自分はやり遂げられた」

という、自分の新たな面の発見によってもたらされます。新たな『自己の発見』は、必ずその学生に大きなPleasureを届けるのです。

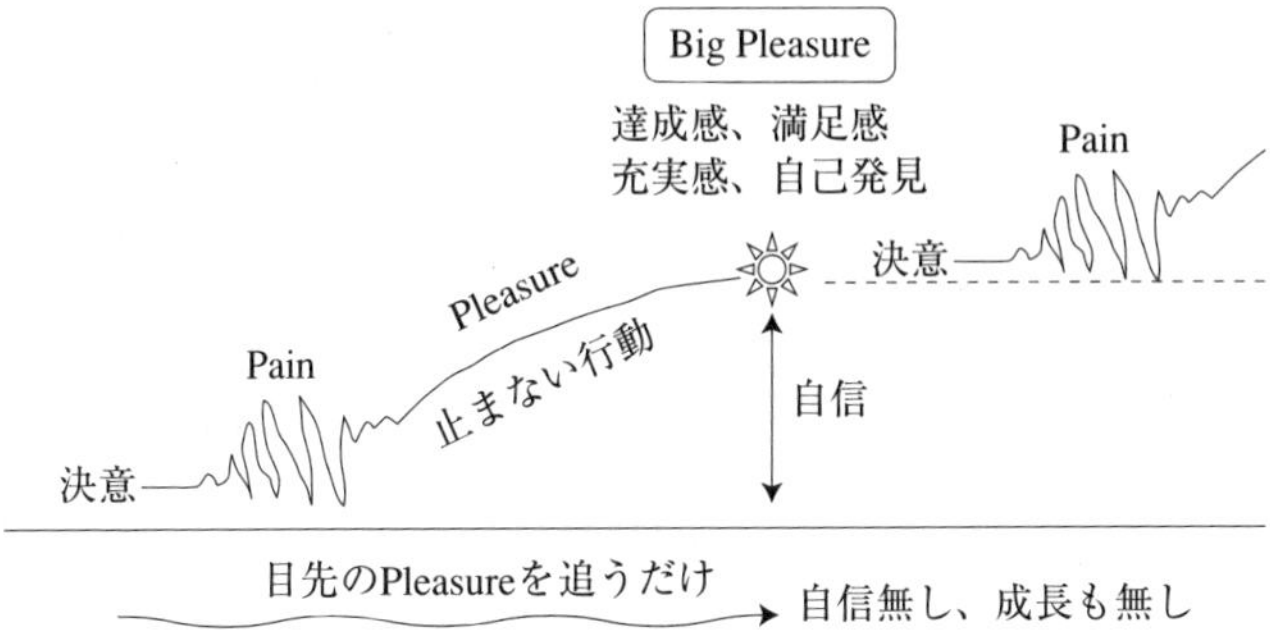

図4　成長の階段

またこの大きなPleasureとともに学生は、図4に示されるように、自分はできるという『自信』を得ます。このように、Painを克服するたびに蓄積されるものが自信です。そして、この自信こそが、その人が自分自身に与えた勲章です。自信を獲得した人は、以前よりも一段上のことができる人間に変わっています。これが、人の『成長』なのです。Painから逃れる道を真っ先に探してそちらに向かって行動する人、あるいは目先のPleasureを追い求める人は、自ら『成長の階段』に足をかけることさえしていないのです。

「Painから逃げずに物事に挑戦を続けて行けば、皆は四年後、大きなPleasureに満たされた、生き生きとした若者になっている。自分をそのレベルに成長させていくために、大学の四年間を使おう」

これが今回の授業を通して学生たちに伝えたメッセージです。

リフレクション

✿ 何かを一週間継続してやる時の前後の気持ちなど、考えたことがなかった。自分たちが何をどう考えていたのか初めて知った。

✿ 今まで何となく分かっていたことが、透明感が増し、より具体的になった気がした。今後の人生において、この理解はプラスになるに違いない。

✿ 達成組と未達成組の気持ちの持ちようの違いが分かった。自分は達成したことにより、いつの間にか自信がついていることが分かった。

✿ 何かをやり遂げる時には、それを達成した自分を想像しながら、その過程での苦しみ（Pain）を乗り越えなければ、喜び（Pleasure）をつかみ取ることができないことが分かりました。

✿ 目先のPleasureより、Painを経て将来の自分がPleasureに満ちている方が断然良いと思った。

✿ PainからPleasureになったら自信が付くことが分かって、ちょっとびっくりした。

✿「先苦後甘」という言葉は以前から知っていたが、今日、その深い意味が理解できた。

✿自分が何気なくやっていたPainとPleasureを意識してやるだけで、今後の自分が変わってくると分かった。苦しみから逃げていては駄目だし、新たな喜びを発見するのは楽しい。

✿一週間ではちょっとしたPleasureにしか近づけないので、もっと続けてPleasureを感じ、さらに続けてより上のPleasureを感じ、これを繰り返してレベルアップしていきたいと思いました。

✿今日の授業で、今まで楽な方に流れていた自分に気付けて良かったです。

✿自分がPainから逃げていることは何となく分かっていたけれど、今日の話で、自分がどうしてそうなってしまっているかに気付けた。

✿やはり、一週間最後までしっかりやればよかったという後悔ばかりが今残っています。なんかこの話し合いで、色々なことが分かったような気がします。

✿先生の話を聞いて、私も四年後には自信を持った格好いい大人になりたいと思った。

✿今回の（達成できたという）ことで、少し自信もついたし、続けて頑張ろうと思った。

✿上のレベルに挑戦することは辛いことではなく、楽しいことにすることができると分かった。

✿大学に入って、目標を立て、努力をし続け、それを達成することが大切だと分かった。今からやれることはたくさんあるので、中途半端にしないように頑張りたい。

✿今日の話を聞いて、『チーズ』の話ともつながっていると感じた。きっとこれからの自分は変わっていくだろう。

✿Pleasureばかり選択していては自分として何も成長できないので、進んでPainを選んで、最終的に自信と満足感とともに人間的に成長したい。

教室外エクササイズ⑥

これから一週間、前述の課題と同じように、

「自らを高めたりしっかりさせるなど、自分にとって良いと分かっているのにこれまでして来なかったこと」

を一つ選び、それをやり遂げる意志を固めて、実際に行動を開始しましょう。そして、毎日その行動を取っている時に、自分はPainを感じているか、あるいはPleasureを感じ始めているか、その時々の自分の気持ちを記録してみます。

もし、Painだと感じていたら、自分はそ

れにどう反応しているかを客観的に分析してみましょう。行動を継続することを最優先して、そのPainに黙々と耐えようとしているでしょうか。それとも、そこから逃れさせてくれる説得力のある理由が見つかり、ホッとしていますか。何かにそれらを書き留めましょう。そして、後者の場合は、それらの理由すべてに「NO」と記し、今回は、七日目までとにかく継続しましょう。その間に何があっても、どんな理由があっても、初めに決めたことの貫徹を最優先させます。

　もし、Pleasureを感じ始めている自分に気付いたら、どうして変わったのかを考えてみましょう。また、同じことが、どうして以前はPainに感じられたのかを考えてみましょう。

　やがて、ついに、決めたことをやりきる瞬間がやってきます。その瞬間の気持ちや感情を、思う存分噛み締めてください。それらは、人間にとってもっとも大事なものの一つだからです。そして、その後に、『自信』という言葉に目を向けてみてください。七日間諦めずに、放り出さずに、自分が決めたことをやり通したことで、何か自分の身に付きましたか。それは自信ですか。今の自分はどのような気持ちになっているか、何を考えているかを書き出してみましょう。そして改めて図4を見てみてください。図の意味がより実感をもって理解できると思います。

二—七　「本」を見直す

第一回

毎週一冊の本を題材にして、三週間、本に関する授業を行います。今までに新書を読んだ経験のある新入学生はほとんどいないので、三冊中二冊は新書を使います。

若者の活字離れを、

「本を読まなければいけないという義務は無いのだから」

といった理由で放置しておいたり、

「視聴覚に訴えるメディアがどんどん進歩しているのだからやむを得ない」

と黙認したりすることは問題です。若者の自由に任せるのも、初めからあきらめるのも、どちらもまったく若者のためにならないからです。

読書をしないということは、敢えて『井の中の蛙』で居続けるという選択をしていることと同じなのです。一個人が実際に体験できる世界は、とても狭いものです。そして、狭い世界しか知らない人は、狭い思考しかできず、結果として、いつまでも小さな人間のままです。若者がこのような状態にとどまっていることは、彼らにとって大きなマイナスです。なぜならば、若者は誰でも例外なく、今よりも遥かに大きくなれるからです。いくらでも大きくなれるのに、そのチャンスを自ら放棄するのは、どう考えても得策ではありません。

活字離れの一因は、若者にとってはテレビの映像やマンガの画像に浸っていることの方がPleasureであり、活字を追ったり、そこから情景を思い描いたり、著者の主張を論理的に理解していくことがPainであるためでしょう。つまり、活字離れをしている若者にとっては、読書はPleasureとは正反対なものとして位置付けられているのです。

彼らが無意識の内に抱いている「読書はPain」という思いを、読書に挑戦することから生まれるPleasureな感覚を体験してもらうことにより覆そうというのが、これから始まる三週間の授業の目的です。

齋藤孝氏は、本を読む際に、客観的に最も重要だと思う部分には赤色で、まあまあ大事だと思う箇所には青色で、そして主観的に面白いと感じる箇所には緑色で線を引くという、三色ボールペンによる色分け法を提唱しています。学生たちには、課題図書をこの色分け法に従って読んでくるという宿題を出しておきます。

第一回目の課題図書としてこれまで用いた新書には、暉峻淑子『豊かさの条件』（岩波新書）、諸富祥彦『〈むなしさ〉の心理学：なぜ満たされないのか』（講談社現代新書）があります。

課題図書を読んでくるに当たっては、

「授業の日までにできる限り読み進める」

ことを目標にし、

「読み終えて来ること」

という条件は付けません。この条件を付けると、読み終えられなかったばかりに、授業を欠席する学生が出てきてしまう恐れがあるからです。

授業が始まると、まずいつものように、授業へのリフレクションを書く出席票を配布します。今回は、その紙を裏返して、読み終えて来たページ数をそこに大きく書いてもらいます。それから全員に席から立ち上がってもらい、記入したページ数を周りの人に見せながら、ページ数の大きい順から小さい順に一列に並んでもらいます。こうすることにより、三、四〇ページしか読んで来なかった学生から最後の二百数十ページまで読んできた学生が、一目瞭然になります。

次に、読んできたページ数が少ない学生の方から三、四人ずつを一グループとして、順番に小グループを作っていきます。このようにグループを作ることにより、ほぼ同じくらいの頁まで読んできた仲間が一緒になるので、たとえ自分が一冊を読み終わっていなくとも、小グループ内ではそのことに対する罪悪感をあまり感じずにすみ、その後の話し合いがしやすい環境が生まれます。

小グループごとに席につき、課題図書についての話し合いを始めてもらいます。グループ内では、読んできたページまでの範囲で、例えば、まず赤線を引いて来た箇所から始めることにし、メンバーの一人が、

「何ページの何行目の……」

と、自分が線を引いてきた部分を読み上げます。そして、なぜそこを重要だと思ったのかを皆に説明します。それにより、発表者の考えや思い、または感性がグループのメンバーに伝わります。他のメンバーは、紹介された部分やそこに線を引いた理由について、質問をしたり関連した自分の意見を述べます。このやり取りが一段落したら、次のメンバーが、赤線を引いてきた箇所の一つを同じように紹介します。このようにして全員が順番に発表し、それを三、四回繰り返したら、次は、青か緑で線を引いた箇所に話を移していきます。

グループ内の一人が記録係となり、それらの話し合いの概要を一枚の大きめの紙にまとめます。まとめに当たっては、線を引いた部分の文章を書き写すことはせずに、その部分の要約や、関連して出された意見や実例を、記号や矢印を多用して、できる限り視覚的に整理していきます。

五〇分ぐらいをこの話し合いの時間に当て、残りの四〇分で、各グループに話し合いの結果を発表してもらいます。第一グループは本の最初の数十ページに関して起こった話し合いの結果を、第二グループは次の数十ページに関して行われた話し合いの結果を、といった具合に発表を進めて行き、本を最後まで読んできた学生たちで構成された最後のグループが、本の最後の方の部分に関しての発表をして終了となります。このようにすると、途中までしか読んでこなかった学生も、その本の全体像に触れることができます。

リフレクション

『豊かさの条件』の読書後

✿ 自分は日本の教育が当たり前だと思っていたが、実は束縛されていて、自由な創造力を発揮できていなかったのかもしれないと感じた。

✿ 今日の本を読んでいたら、日本の教育はこのままで良いのかと思いました。

✿ 日本の現状が他国との比較によって分かった。日本の社会政策は問題だらけで、直すべきだと感じた。

✿ 今日は本の内容について色々話し合ったが、今の社会の事が理解できて良かった。またやってみたいと思う。

✿ 発表では自分の言いたいことを伝えるのが難しかった。人と助け合うことについてもっと考えてみたいと思う。あまり本を読んで来なかったけれど、皆で話し合うことで良く分かったし、今日は来て良かった。

✿ 今日の授業で感じたことは、みんなの前で発表するのは難しいということだった。今まで、あまりそういうことをして来なかった。今後、自分を変えていけたらいいと思った。

✿ 今日は自分は六二ページ読んできた。皆の意見を聞いて理解できたが、やっぱりもう一度読み始めようと思った。もっと理解したいと思った。

『むなしさの心理学』の読書後

✿ 図やチャートを使って表現するのは、内容を本当に理解していないとできない作業だということを痛感した。

✿ 普段、自分と意見の違う人との話し合いは喧嘩になることがあるが、そうはならずに、論理的に話せる今日のような機会は、他ではあまり体験できないので良かったです。

✿ 今日の授業は、自分の心の中の微妙な感情について、どう考えたら良いのかという方法を見つけ出す良いヒントになりました。

✿ 自分の外の世界に目を向けるよりも先に、自分自身を見つめるという結論にとても共感できた。多くのクラスメートがむなしさを感じていることに驚いた。

✿ いつも自分はむなしさを感じても、そのむなしさに向き合うことなどしていなかったので、本に書かれているように、むなしさを感じた時には、その原因が何であるのか目を逸らさずに、一度自問自答して考えていきたいと思いました。成長するために必要な要素を学ぶことができて良かった。

✿ 自分はよくむなしさを感じる。向き合いたくはないし、向き合ってもと思っていたが、自己を発見するには逃げてはいけないことが良く分かった。

✿ みんなが話し合って、意見が合っても合わなくても勉強になります。この本を読んで、日本の社会現象が少しずつ分かってきました。（留学生）

教室外エクササイズ⑦

三人から五人のメンバーを集めて、一度読書会をやってみましょう。三、四週間前に課題図書を一冊決め、各自、三色ボールペンを使って本のあちこちに線を引いていきます。

読書会では、どの色の線から話し合うかをまず決めたら、一人ひとり順番に、線を引いてきた部分を読み上げて紹介していきます。なぜあえてそこに線を引いたのかの説明も行います。その説明に対して、他のメンバーは、質問をしたり関連した自分の意見を述べます。

本の内容にとどまらずに、そこから発展した話し合いも有意義でしょう。ただし、あまり話が横道にそれていくと収拾がつかなくなるので、しばらく話した後には、必ず、線を引いた部分に戻るようにします。一時間あれば、かなりの話し合いができます。

グループ内の一人が記録係となり、線を引かれた部分の要約や、関連して出された意見や実例を、記号や矢印を使ってできる限り視覚的に整理していきます。この用紙は最後にコピーを取り、各自、その日の会の成果として持ち帰るといいでしょう。

ここで紹介した本以外に、これまでに読書会で読んだ本のいくつかを、参考までに挙げておきます。

岡本太郎『自分の中に毒を持て』青春文庫

門脇厚司『子どもの社会力』岩波新書
佐伯啓思『欲望と資本主義』講談社現代新書
関岡英之『拒否できない日本』文春新書
渡邊美樹『さあ、学校をはじめよう』ビジネス社
ヴィクトール・フランクル『夜と霧』みすず書房

第二回

第二週目は、課題図書ではなく、学生たちが各自、自由に選んだ本を題材とします。学生たちは、自分がこれまで読んだ本の中で気に入っている本を一冊選び、その本の推薦理由を一枚の紙にまとめてきます。この自由図書を用いた授業は、彼らの読書に対する捉え方に、課題図書を用いた授業とはまた違った効果をもたらします。

学生たちが様々なジャンルの本を持って教室に集まります。六人ミーティングの時と同じように、広めの教室を用意します。まず、学生たちに教室の左側か右側に移動してもらい、大きく二つのグループを作ります。次に、教室の反対側のグループの方を向いてもらい、そちら側のグループの中から、自分の最初のパートナーを一人見つけてもらいます。気の合っ

た仲間は大体最初は同じ側に立っているものなので、パートナーとして選ぶのは、クラスの中でこれまであまり接触のなかったメンバーということになります。二人一組になって全員が思い思いの席についたところで、以下の要領で『紹介エクササイズ』を始めます。

各学生は、パートナーに自分の持って来た本を見せ、用意してきた推薦理由も参照しながら、その本について紹介をしていきます。紹介者は一方的に話し続けるのではなく、聞き手の質問に随時答えながら、先に進んでいきます。最初の本についての話がひと通り終わったら、今度は、それまでの聞き手が自分の持ってきた本を紹介します。大体一五分ほどで、両者がお互いに持って来た本を紹介することができます。

この紹介エクササイズが始まるとすぐに、普段の教室では見られない興味深い光景が現れます。

普段は、学生が何十人いようと、基本的に一教師の声しか響かない教室が、本について語り合う学生たちの声で埋め尽くされるのです。その上、学生たちの様子も、いつもの話し合いの時以上に生き生きとしています。準備してきた推薦理由を、淡々と伝えている学生は皆無です。話しているうちに自然にそうなっていくのか、あるいは聞き手の反応に刺激されるのか、全員がにこにこしながら、そして同時に、一生懸命に、聞き手にその本を読んだ時の自分の気持ちを伝えようとしているのです。

紹介する側にとっては、自分には伝えたいことが山ほどあり、目の前にそれを真剣に聞いてくれる聞き手がいる。聞き手にとっては、自分に対して話すことに熱くなっている人が目の前にいる。話にのめり込まずにはいられないのでしょう。学生たちの笑顔と学び合いの声で教室が一杯になり、彼らの体の中から発散される熱いものが、渦を巻いて教室の天井を突き抜けていくようです。

教師は何も口を挟む必要はなく、学生たち自身が自分たちの力で学びの場を作り上げているのです。今までに見たことのないほど、学生たちが生き生きとしている光景に出会い、

「教師の出番が無くとも学びは成立する」

という、今まで気付かなかった学びの形を学生たちに教えてもらいました。

このエクササイズには時間がいくらあっても足りないのですが、このような一対一の紹介を、パートナーを変えて五、六回繰り返したところで一応終了とします。

その後、一人ひとりに、このエクササイズを通して感じたことを発表してもらいます。出された感想の一例を表3に紹介します。

続いて、その時点で近くの席に座っている二組のペアに、四人一組の新しいグループを作ってもらい、このエクササイズでの体験に基づいて、

「本を読んだ人に起こること」

表3　紹介エクササイズの感想

A．紹介者、聞き手に関すること
・人それぞれに趣味や嗜好があり、それに沿った本を読んでいるようだ
・選んだ本は、その人にとって“必然”だった
・紹介者の伝えたいという気持ちが伝わってきた
・聞き手も自分の紹介した本に興味を持ってくれると嬉しい
B．コミュニケーション力
・本を薦めるのは、思っていたより難しかった
・自分の言いたいことを正確に伝えるのは難しい。相手が興味を覚えてくれたかどうか不安
・本の内容を十分に理解していないと上手に説明できない
・違う考え方もあることに気付いた
・このようなやり取り（本の紹介）は、コミュニケーション能力のアップにつながる
C．本の特徴
・様々なジャンルの本があることを再認識した
・どの本も形は違うが、得るものがある
・直接に接しえない人とも本を通して接することができる
D．自分のこと
・（自分とは別の趣味のジャンルでも）薦められた本に興味を覚え、読んでみたいと思った
・自分の信じる“主義”を再確認した
・普段あまり本を読まないが、読んでみようという気になった
・予想外の角度からの質問により、新しい視点に気付いた

を見つけ出してもらいます。学生たちからは次のような回答が出てきました。

＊達成感を感じる
＊集中力が高まる
＊考える力がつく
＊著者が論じることについて自分で考えてみることで、自分の中に新しい考えが生まれる
＊著者、または主人公を自分と照らし合わせる
＊勇気づけられたり励まされたりする
＊その本の良かった人物に近づこうとする

＊ その本で得た教訓を実際に活かそうとする
＊ 今までの自分の経験と照らし合わせて、自分を見つめ直すことができる
＊ 本の内容をあたかも自分が経験したように吸収する
＊ 知識が増えたり、感動したり、考えさせられたりする
＊ 知識が増えるので考えの幅が広がる
＊ 人生観が変わる
＊ 価値観が変わる
＊ いつもより元気になる

これらの回答を黒板で目にした学生たちは、本を読むという行為から起こる事柄の多様性に改めて驚きます。

「面倒くさい」
「関心がない」
「楽しそうでない」

といったPainな面ばかりを見て敬遠してきた読書に、実は様々なPleasureや恩恵が潜んでいることを、学生たちは再認識し始めます。

リフレクション

✿ みんなの目が輝いていて楽しそうだった。私も人に伝えることが楽しかった。多分、その本の良さを伝えたいと必死になっているから、みんないつもより元気になっていたと思う。

✿ 話した人みんなの本を読んでみたいと本気で感じた。みんなの話している時の表情がとても良かった。

✿ みんなと話してみて、本にその人の感情や愛着があって、本のことを説明する時に人柄が出るということが分かった。

✿ みんな勧め方が上手くて、どれも読んでみたいと思った。いつも以上にいろいろな人と交流が取れて楽しかった。

✿ 今日話を聞いた本を本当に読みたくなったので、ぜひ図書室などで探したい。

✿ たくさんの、タイプの違う本の良さを教えてもらって良かったです。

✿ 本を読むということを改めて考えさせられた。家ではマンガばかり読んでいて、小説がかなりたまっているので読んでいきたい。そして友達などに紹介して行きたい。

✿ 今後の人生を大きく変える本にも出会ってみたい。

✿ 本を読むことで得られるものの多さが分かった。本を読むことが大切だということが身にしみた。本を読むことで考え方の幅が広がる。

✿ 前から、本を読むことでマイナスは無いという話は聞いたことがあったけれど、実際に自分たちで体験すると、本のありがたさが良く分かった。

✿ 本を読むことによりいろいろなことが学べる。自分の思想は、本を読むことによって変わるかもしれない。本の中に黄金があるという話を思い出した。

✿ 本を読むのと読まないのとでは、大きな差が出てくる。本から与えられる影響は、必ずしも良いことだけではないだろう。本の内容自体がおかしいかもしれないからだ。でもそこを見極めればオーケーだろう。

✿ 無意識のうちに自分が思っていたことを、本を読むことを通して発見できた。本は奥深い。

✿ 今日は、いろいろな人がどんな本を読んでいるのか分かって面白かった。本にも個性があるのだと実感した。自分のものになる本を読んで、考え方を深めていきたいと思った。

✿ みんなこんな本を読んでいるのだなあと、意外な一面が見られました。

✿ 相手が何でその本を選んだのだろうと考えると、今その人が何を考えているのか、何をしたいと思うのか、どういう自分でありたいと考えているのかが良く分かった気がする。

✿ 自分の底辺にある考え方が、本を選択するときにも作用するのだなと思いました。

✿ 本を読むことによって自分の内面が広がるということが分かったので、これからどんどん積極的に本を読んでいきたいと思った。

✿ 自分の内面は分かっていそうで分からないのだが、少し分かった気がする。また、紹介された本を通して、相手の内面を垣間見ることができたと思った。

✿ 普段読書をしてなかった自分に後悔した。みんなの本の紹介を聞いて、おもしろい本がこんなにあることに気付いた。そして、本は自分の内面を分からせてくれるものだということを学んだ。これからは積極的に本を読みたい。

教室外エクササイズ⑧

課題図書を用いた読書会を二、三度行った後に、自由図書を用いた読書会を開きましょう。読書の楽しさが一層実感できます。持ち寄る本は、どんなジャンルの本でも、どのような厚さの本でも構いません。自分の好きな本を持ってきて他者に紹介することは、二人揃えばできます。参加者は二人一組のグループに分かれ、集まった人数が奇数の場合には、一つのグループを三人にします。

自由図書の場合は、話をしながらお互いの紹介内容を紙に記録する必要はありません。また、話し手は、本のすべてを伝えようとする必要もありません。自分の薦めたいところには惜しみなく力を入れて解説しましょう。一方、聞き手は、紹介されている本について、どんどん質問をしていきましょう。質問の数が多ければ多いほど、話は盛り上がっていきます。また、話の最中に、本の内容についてだけでなく、本を紹介している相手にも注意を払ってみましょう。普段の様子とは違った面が見えるかもしれません。

読書会の最後に、どのようなところが課題図書を用いた読書会と違って良かったか、一言ずつでも感想を発表し合ってみましょう。読書に対する新しい発見があると思います。

第三回

読書期間の最後の回は、齋藤孝『読書力』（岩波新書）を課題図書とします。この本には読書の様々な効用が整理されており、またそれらの効用を実感させる具体的な方法も記されています。課題図書、自由図書と二冊の本を読んできた後に本書を読んでその内容について話し合うことは、過去二、三週間に自分が体験したことや気付いたことの意味を客観的に理解することにつながり、読書期間の総まとめとしては最適です。

第二回目の授業の終了時に、

「次回の授業の最初に、一冊目の本の時と同じように、全員に読んできたページ順に並んでもらいグループ分けをする予定です」

と伝えておきます。読書週間もいよいよ最後なので、学生の中にも、最後まで読みきって来ようという意欲が湧きあがります。実際、読んできたページ数の平均は、一回目の授業の時よりも確実に上がります。

授業では、予告通り、読んできたページ数に応じてグループ分けを行い、一回目と同じように、三色で線を引いてきた箇所とそこに線を引いた理由をお互いに紹介し合います。そして、グループごとに、話し合いの概要を、一枚の大きな紙にできるだけ視覚的にまとめていきます。このまとめの作業も二回目になるので、初めての時には文を箇条書きにすることしかできなかった学生たちも、図や記号を使ったまとめ方を試みていきます。図5にその一例を示します。また図6は、本に記載された内容を超えて話が展開していったグ

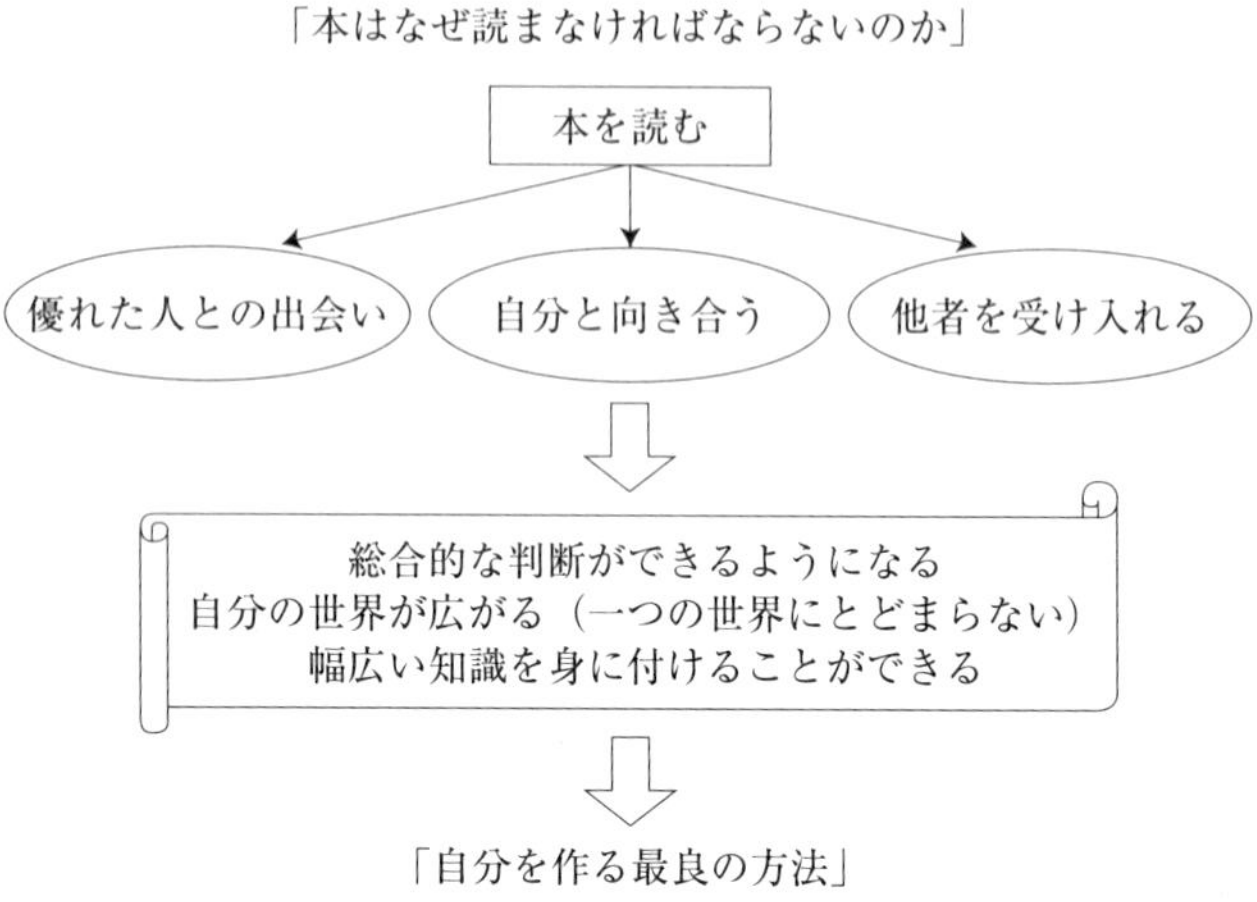
「本はなぜ読まなければならないのか」
本を読む
優れた人との出会い
自分と向き合う
他者を受け入れる
総合的な判断ができるようになる
自分の世界が広がる（一つの世界にとどまらない）
幅広い知識を身に付けることができる
「自分を作る最良の方法」

図５　グループＡの話し合い

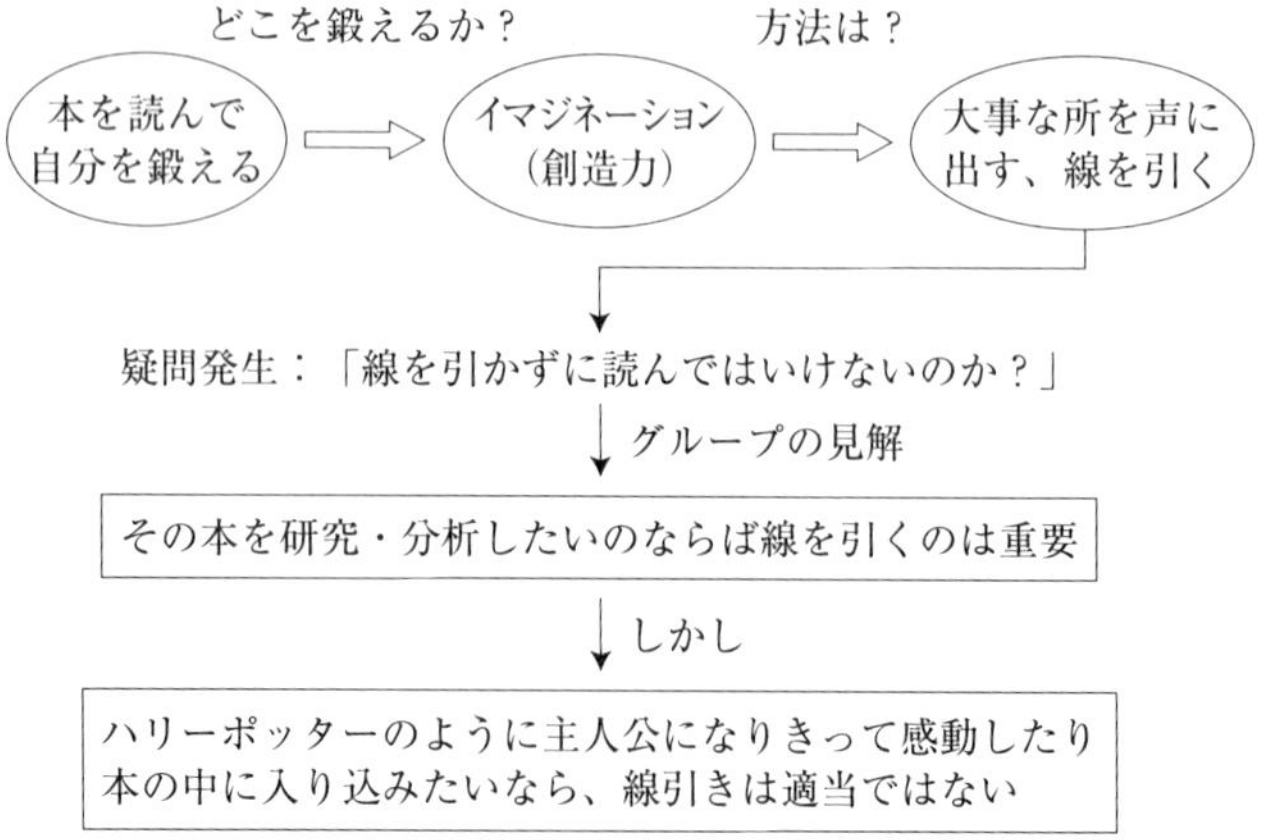
どこを鍛えるか？
方法は？
本を読んで
自分を鍛える
イマジネーション
（創造力）
大事な所を声に
出す、線を引く
疑問発生：「線を引かずに読んではいけないのか？」
グループの見解
その本を研究・分析したいのならば線を引くのは重要
しかし
ハリーポッターのように主人公になりきって感動したり
本の中に入り込みたいなら、線引きは適当ではない

図６　グループＢの話し合い

ループのまとめです。

このように、最初の三、四〇ページ、次の三、四〇ページといった具合に、担当した部分の概要と、その内容から展開した議論の内容を全グループが発表し合うことにより、読書という行為についての学生たちの理解と意識が高められていきます。

リフレクション

✿ 自分と違う考え方を皆が持っていて、いろいろ考えさせられた。同じ考えを持っている人には嬉しくなったたし、違う考えの人には何か感心するものがあった。

✿ 自分では気が付かなかった重要なことを他の人たちに指摘されると、本の主旨というものがより分かってきた。本にはそれをまるで自分のもののようにできる魅力があることが分かった。

✿ 何回もこの意見を言い合うということをしてきて、少しずつではあるが発言力や考える力が身についてきたと思います。

✿ 今日の授業では読書力について学び、今までやってきたことの大切さが本当に良く分かりました。この入門ゼミに入った時に感じた、読書が嫌な気持ちが無くなりました。

✿ 本を読むことは嫌いだったけれど、この入門ゼミを通して少し好きになりました。これからも本を読みたいし、人に勧めていきたいと思いました。

✿ この本を読んで、今までやってきた授業の内容の主旨が分かった気がした。本を読む習慣は全然なかったけれど、最近、電車の中とかで読むようになった。

✿ 今までやってきた読書の影響で、本を読む事が極端に増えた。内容を押さえるのも上手くなってきたと思う。

✿ 今日の『読書力』を読んで、先生が僕たちに本を読ませてきた理由が少し分かったような気がしました。また、本を読むことが他人と関係を持つのに役立つということも、この本を読んで初めて気付きました。

✿ 本に線を引くことには、たくさんの良いことがあるのがよく分かった。そして、読書はコミュニケーション能力という人間にとってとても大切な能力を養うことにつながるので、これからもこつこつと続けられたら良いなと思いました。

✿ この機会がなかったら絶対に読まなかったであろう『読書力』という本は、読書が苦手な自分にも、「読書は素質ではない」と教えてくれたので、あきらめずにいろいろな分野の本に挑戦していきたい。

✿ 本の内容に少し反論したいところがあったが、何か考えている自分がすごいと思った。

✿ ✿私はこれからも本をたくさん読み、自分を高めていきたい。

✿本を読むことで、今まで一部しか見えなかった世界の全体が見えてくるような気がしてきました。自分でもまた本を買って、読んでみたいと思います。

✿今まで生きてきた中で、同じ本を読んだ人達とここまで深く語ったことはなかった。自分にとって刺激的なものでした。本は読み続けようと思います。

✿僕は本を読むのが好きなので、今まで本を読んでいましたが、ずっと好きな作家の本ばかり読んでいたので、これからは色々な著者の本を読んでいこうと思いました。

✿読書をすることによって自己形成が助けられ、周りの人とのコミュニケーション能力も広がる。今は亡き偉人の言葉なども読書を通じて学べるということは、とてもすごいことだと思った。

✿『本は社会』と言えるのではないかと感じた。読書に対して新しい考え方ができた。

教室外エクササイズ ⑨

課題図書を使った読書会と自由図書を使った読書会の両方を試みた後に、それまでのまとめとして、この『読書力』の本を読んでみてください。課題図書の時と同じようにに各自で三色のボールペンを使いながら読み、その後集まって、線を引いてきた箇所を紹介し、その内容に関して自由に話し合いをします。一枚紙のまとめも作ります。

課題図書、自由図書、そして『読書力』の本という順序で三回読書会を開くと、きっと本を見直すことになると思います。自分が今まで本を読んで来なかったことが信じられないと思うかもしれません。読書に関わるこの一連の取り組み以前には想像もしなかったような、自分にとっての本の価値が明確になってくるはずです。

このような発見が起きる大きな要因は、一緒に取り組む仲間の存在と、彼らから聞ける様々な考え方や意見、そして感想です。最小四人が揃えば、これまでに説明してきたすべての読書会が実施できます。

「どんなことになるか、一度やってみないか」

と仲間を誘ってみてください。そして自分でも、だまされたと思って取り組んでみてください。

「無駄だった」

と後悔するようなことにはならないと思い

ます。読書会を重ねれば重ねるほど、本と本を媒介にした話し合いの楽しさに引き込まれていくでしょう。

二−八　Visionを描く

幸せの要素

高校生や大学生に、

「何のために大学に行くのですか、または、来たのですか」

と尋ねると、

「〜大学卒という学歴を得るため」

「専門分野の勉強をするため」

「生涯の友人を見つけるため」

などといった答えが返ってきます。それでは、

「それらのことをなぜ求めるのですか」

と問われた時には、どのような答えが返って来るでしょうか。

表面的には、いくつもの異なった答えがあり得るでしょうが、どの答えにも共通しているのは、

「自分の未来をより良いものにするため」

ということであり、突き詰めれば、

「未来により一層幸せになるため」

であると言えるでしょう。現在よりも、より良い状態や状況を目指すからこそ、今までよりも一段高い教育機関へ進学するのでしょう。

では、さらに突き詰めて、学生たちが究極的に目指している『幸せ』とは、一体どういう状態を言うのでしょうか。今回の授業は、幸せに関するこの問いから始めます。

クラス全体を、三、四人ずつのグループに分けます。そして、黒板に一つの円を描き、「お金がたくさんあれば幸せだと考える人でも、その人に誰も身内がいなければ、本当の幸福感は得られないかもしれません。望むものの多くを手に入れられる才能に恵まれている人でも、健康上の問題を抱えていれば、心から幸せとは感じられないかもしれません。このように、幸せとは、何か一つが満たされていれば感じるものというよりも、いくつかの構成要素がバランスよく満たされている時に、それを実感するものでしょう。

それでは、あなたが考える自分自身の幸せの構成要素は何ですか。それらを、ここに描いた円に書き入れてください」

という課題を出し、グループで話し合ってもらいます。

今まで、どのような条件が満たされれば、あるいは、どのような状況になれば幸せと感じるかなど、改まって考えたことが無かった学生たちにとっては、これは難しい問いです。学生たちは、目をぐるぐると回して一生懸命に考え始めます。幸せの要素に何を選ぶかは人によって違いますが、グループの中で様々な意見を交換し合うことにより、各自がより深く『自分自身の幸せ』の定義を確認していくことになります。

三〇分ほどグループ討論を行った後に、各グループに、自分たちがまとめた幸せの要素を黒板に書き出してもらいます。発表された幸せの構成要素の組み合わせは、図7のようなものでした。

五つの幸せの円が描かれたところで、いつものように、他のグループの見解に対して質問やコメントを求めていきます。この時に、どのグループの円が幸せの要素をもっとも正確に表現しているかを吟味する必要はありません。万人に共通した幸せの要素の正解といったものは無いからです。

グループ内で行ったと同じように、黒板に提示された五通りの見解を今度はクラス全体で

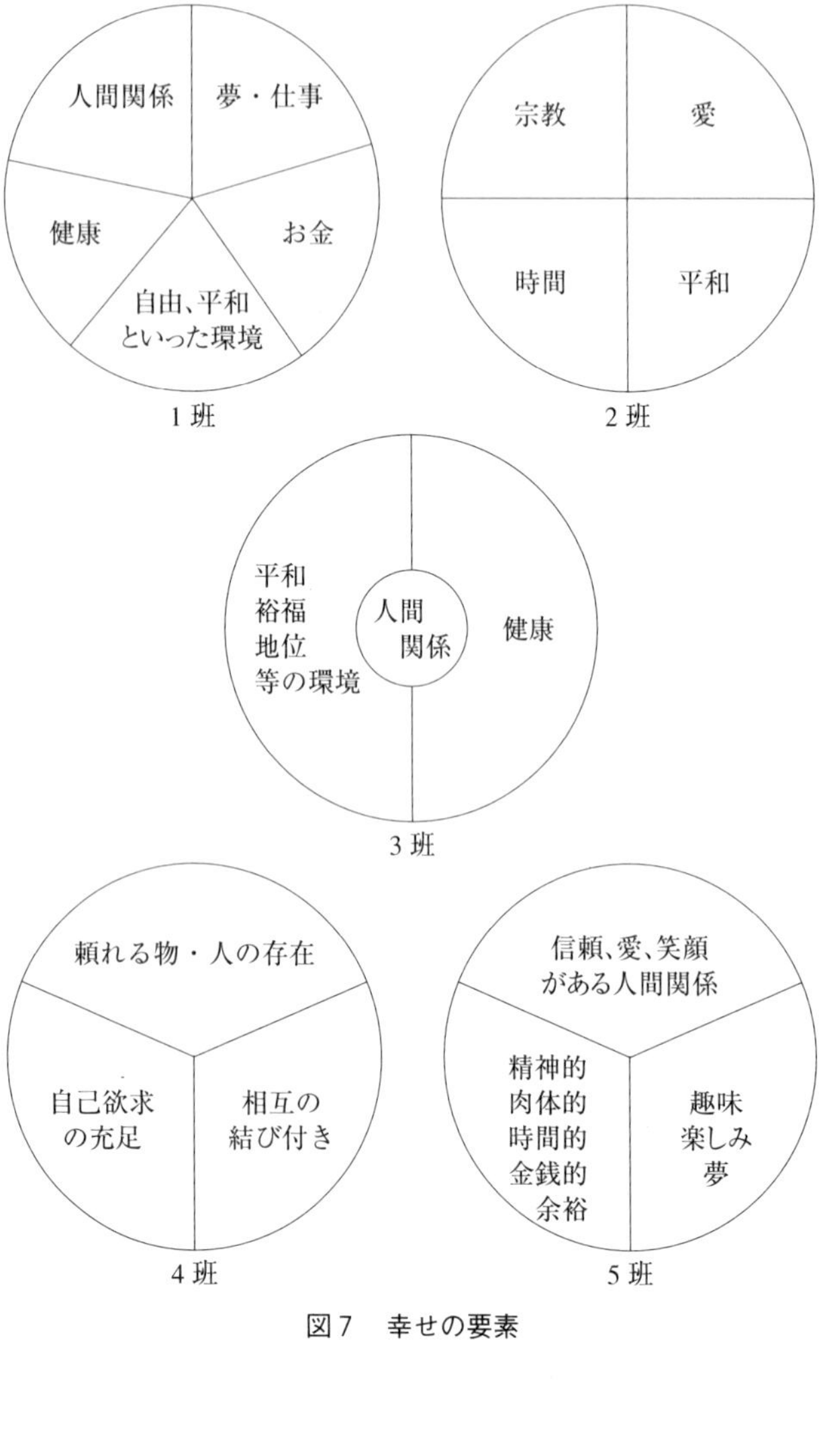
人間関係
夢・仕事
健康
お金
自由、平和
といった環境
1班
宗教
愛
時間
平和
2班
平和
裕福
地位
等の環境
人間
関係
健康
3班
頼れる物・人の存在
自己欲求
の充足
相互の
結び付き
4班
信頼、愛、笑顔
がある人間関係
精神的
肉体的
時間的
金銭的
余裕
趣味
楽しみ
夢
5班

図7　幸せの要素

比較し、質問をし、意見を交換します。これらの話し合いを通して、学生たちは、自分自身の幸せの要素についてより明確な考えを持てるようになっていきます。そこで、最後に、「今日のグループでの話し合いと、全体発表での議論を振り返り、自分自身の幸せの要素を図示してくる」という宿題を出して授業を終えます。

リフレクション

✿ 改めて幸せについて考えてみると難しい。

✿ それぞれの人によって、幸せになる条件は違うと思います。自分の幸せは何か、考えさせられました。

✿ 今までは、幸せになりたいと漠然と考えていただけだったけれど、今日の授業をきっかけに、幸せになるには何が必要なのかを検討していきたい。

✿ 今日話し合いで出された、幸せの要素のほとんどが自分にあることに気付き、改めて自分は幸せだなあと思った。これからは、欠けている幸せの要素を埋めていけるようにしたい。

✿ 今まで漠然と考えていた幸せというものを考え直し、再認識することができて良かった。自分は人間関係という要素にこだわっていたが、他の要素も考えるきっかけになった。

✿何か最近、このゼミが近づくと楽しくなってくる。自分と向き合える時間が持てるからなのか。こういう時間を持つのはとても大切だと、今日のテーマで改めて思った。

教室外エクササイズ ⑩

これまでの人生の中で、「幸せだな」と感じた出来事や状況を思い出して書き出してみましょう。その時々に、何が自分に幸福感をもたらしてくれたのかを、客観的に分析してみましょう。

次に、現在の自分の状況や状態の中で、幸せだと感じられることを探してみましょう。もしすぐに思い浮かばなければ、

「この状況は不幸せと言えるだろうか」

「この状態は不幸せだろうか」

と、自分の生活にかかわる様々な場面に目を向けてみましょう。そのような視点で見直してみると

「実は幸せなのだ」

と改めて感じられる状況や状態があるはずです。意識していなかっただけで、気付か

なかった幸せが見えてくると思います。

そして最後に、今後どのような状況や状態になると、自分が幸せだと感じられるかを想像して、それらを書き出してみましょう。

このように、過去の幸せ、現在の幸せ、そして未来の幸せを再確認する作業を行うと、自分にはどのような『幸せの要素』が不可欠なのかが分かってきます。それらを図7に示したような円に書き出してみましょう。それがあなたの幸せの全体像になります。

Vision作成

続く週のテーマはVisionです。Visionとは、

「将来、自分や自分たちがなりたい状態や得たい状況などの具体的なイメージ」を指します。Visionには、その人に、将来に待ち受ける喜びや幸福感といった大きなPleasureを予感させる力があり、また同時に、その人が今後向かうべき方向を指し示してくれる力があります。

授業の最初に、アラン・パーカー監修の『Power of Vision』というビデオを学生たちに見

てもらいます。このビデオは、オランダの社会学者、フレッド・ポラックの『未来のイメージ理論』の紹介から始まり、Visionが未来に対する個人や社会、そして人類の姿勢に如何に影響を与えるものであるかを、アメリカのハーレム地区で学ぶ小学生や、ユダヤ人強制収容所での被収容者の体験などの具体例を示しながら、分かりやすく解説したものです。

人は新しく何かを始めようとする際に、少なからず、

「難しそうだけれど達成できるだろうか」

という不安に襲われるものです。人が行動を起こせなくなる最大の理由は、この不安から逃れられなくなるからです。この不安は日増しに大きくなり、やがて、

「自分には、達成できると言いきれる根拠も自信も無い」

という結論に至ってしまうのです。第二章の第三節『恐怖の壁に気付く』で述べたように、多くの場合、人は、自分の頭の中で勝手に壁を作り出してしまいます。そして、どうしようかと悩めば悩むほど、その壁はその人の前にますます高くそびえ立っていってしまうのです。

この袋小路のような状況に陥ることを避ける最善の方法が、まず先に、望ましい未来が達成された情景をVisionとして思い描くことにより、「達成できるだろうか」という不安を飛び越してしまうことです。鮮明なVisionを強く思い描けば描くほど、行動に移るに当た

っての心理的な抵抗がどんどん関心の外に置かれるようになっていきます。これがVisionの持つもうひとつの力です。

Visionの持つ力の魔力は、例えば、プロスポーツの世界で新領域を開拓した選手たちに見ることができます。野茂英雄投手は、それまで一人の日本人投手もプレーしたことがなかった大リーグという未知の世界に飛び立っていきました。イチロー選手は、初の日本人野手として大リーグに挑戦していきました。それらの決断をした時に、両選手の頭の中には何があったと思いますか。野球の世界に限ったことでなく、それまでの常識を破って新しい領域に進出して行った人たちや、自らの分野で偉大な実績や業績を残した人々の言葉の中に、彼らが将来実現させたい、あるいは達成したいVisionを持っていた事実を垣間見ることができます。これらの人々は、Visionを鮮明に描くことにより、結果を出す前に、すでに結果へのレールを敷いていたのです。

「将来自分がなりたい状態、または、得たい状況などの具体的なイメージ」は誰にでも想像することができます。ということは、Visionの力は、誰にでも使えるということです。このVisionの力を理解していれば、自分の目指すものを達成する可能性を格段に高めることができます。反対に、Visionが無ければ、それは達成する対象が無いことを意味するので、『達成』という現実はもちろん起こりません。

大学に入学してきた新入学生たちは、特に最初の学期は、それまでの大学入学という目標を達成した後の解放感に浸っています。そしてこの状況が、彼らの注意を、次のもっと大きな目標を考える必要性からそらしてしまっています。

新入学生の多くが、

「これから四年間、自分の将来をしっかりと考えていこう」

とは思うのですが、そのためにわざわざ時間を取る学生はほんのわずかでしょう。多くの学生たちは、考えなければとは思いながらも時間に流され、あっという間に就職活動の時期を迎えることになります。そして、内定を取らなければというプレッシャーに襲われながらの切羽詰まった状況の中で、自分の進路を決定していきます。

そのようにして決まった就職が、本人にとって良いか悪いかは一般論としては言えませんが、プレッシャーに襲われながら、目先の就職内定という目標を最優先しながら自分の将来を考えるのと、立ち止まって、何にも急がされることなくじっくりと自分の将来を考えるのとでは、その思考の広さと深さはおのずと違ってきます。一つの目標を達成して大学に入学してきたその時こそ、次のVisionをしっかりと思い描き、それに向けた第一歩を踏み出す時なのです。

今回の授業では、Visionと、前回のテーマであった『幸せの要素』とを結び付けていき

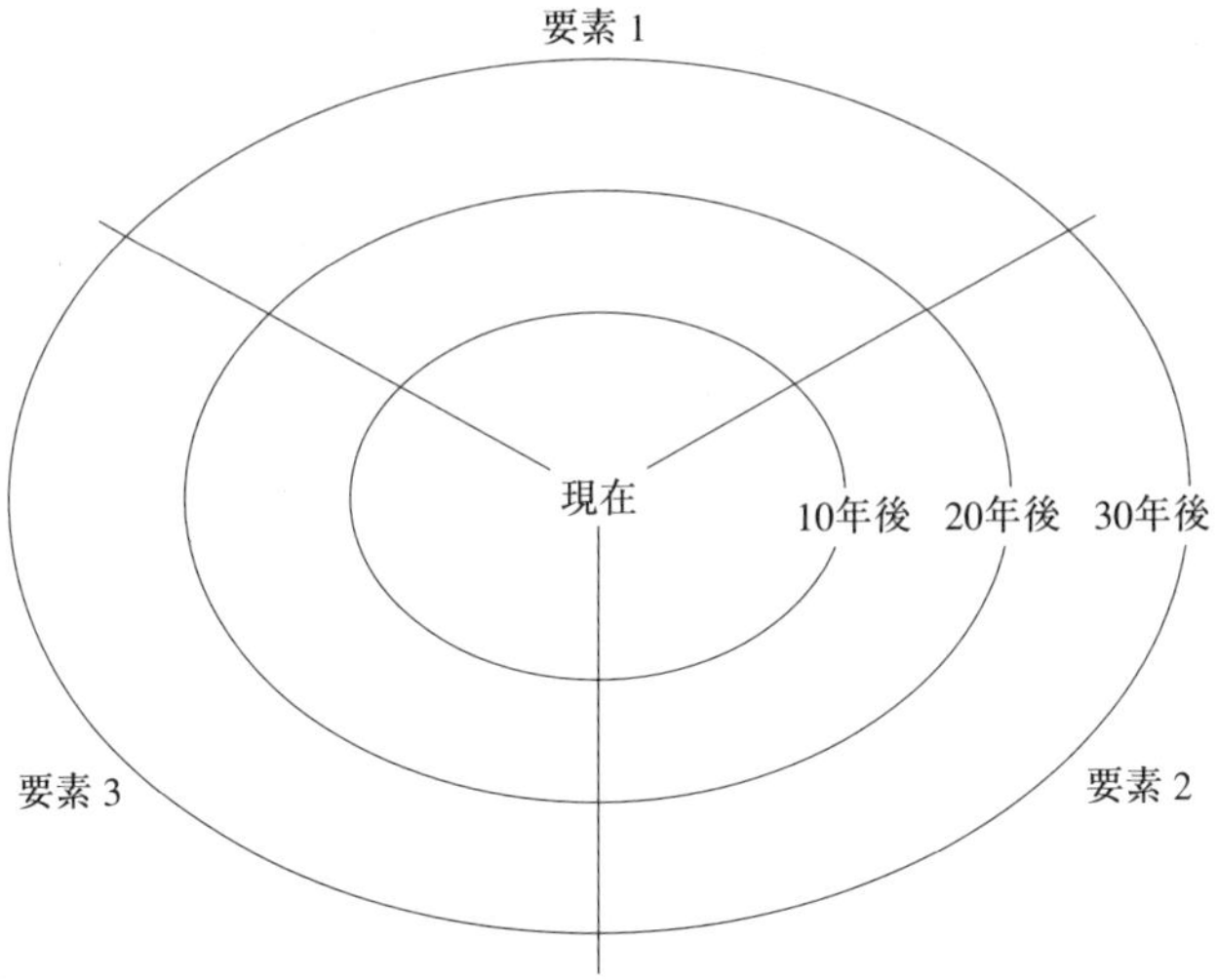

図 8　現在から未来へ

ます。まず、三つの同心楕円が描かれた図8のような一枚紙を学生に配布します。中心は現在を示し、例えば一〇年ごとに楕円を加え、一番外側の楕円が三〇年後を示すようにします。円と円の間の間隔は一律一〇年にする必要はなく、内側の方の時間間隔を短く、外側の方を長くすることも可能です。一番外側の円が、現在から三〇年後くらいを示すようになっていれば構いません。

次に、この円を自分の『幸せの要素』の数に応じていくつかに分割します。図8は、要素が三つある場合の図になります。ここまで準備をしたら、学生たちにメモ帳サイズの白い紙を二〇枚

Vision

バーベキュー、海水浴、キャンプ、スキーなどに、息子や娘の友達家族と一緒に出かけるなどして、家族付き合いの輪を広げている

理由

仕事関係の人付き合いは当然必要だが、仕事以外の場所でも、他の人たちとつながれる機会が持てれば、それは自分にとってためになると思う

図 9　Vision用紙

程度配布します。そして、周りを気にしないで作業に集中できるように、前後両隣の人と間隔をあけるようにして座ってもらい、次のような説明を行います。

「幸せの要素の数に従って円をいくつかの領域（愛、健康、職業など）に分割しました。この図を見ながら、領域ごとに、現在から今後三〇年の間に順次起こしたい、あるいは、起こって欲しいVisionをいくつも思い浮かべて、メモ用紙に書き出していってください。実現可能性を検討してはいけません。『そこに書くものはすべて実現する』という大前提の元で、自由に、期待することや望むことを書いてください。一つのVisionに対して用紙を一枚使い、用紙の上段にそ

のVisionが実現している状況を具体的に説明し、下段にそれをVisionとして選んだ理由を書いてください」(図9参照)。

学生たちは、静かに作業に取り掛かります。このように未来を想像することは今までに行ったことがないので、スラスラと書き進めることは容易ではありません。筆が止まっている様子の学生には、

「実現可能性に悩む必要はないのだよ。そこに書くVisionだけが実現し、そこに書かないことは絶対に実現しないとしたら、何を書きますか。さあ、希望のVisionをすべて書き出そう」

と、何の制約も感じることなく自由に想像できるよう助言します。

作業時間中は、教室を歩き回って一人ひとりの記入の仕方を確認していきます。この時に注意するのは、記載内容が具体的かどうかです。例えば、

「留学する」

「三〇歳位で結婚する」

「自分のレストランを持つ」

といった記載があったとします。これらは、確かに未来に起こしたいことや、起こって欲しいことですが、この記述だけではVisionとしては弱いのです。

「留学する」

という記述は、例えば、

「社会に出て四、五年経験を積んでから、観光学を勉強するためにアメリカの大学に留学する」

といったように、できるだけ具体的に描写した方が良いのです。

「三〇歳位で結婚する」

という記述は、

「自分の考えと趣味に関心を持ってくれて、安定よりも変化を求める自分に理解を示してくれる人と三〇歳位で結婚する」

と具体化することで、Visionになります。レストランについては、

「オフィス街の路地を一本入ったところで、昼時に会社員が行列を作るような和食のレストランを経営する」

といったように、なるべく細かい所まで描写します。

授業時間の許す限り、幸せの各要素内にVisionをどんどん書き入れていきます。今回の授業ではVision作成の第一歩を踏み出したので、次週までに、各自、Vision用紙をもっと書き増してくることを宿題としました。

リフレクション

✿ 今までの人生は、ただ何となく毎日を生きているという感じで、今回の講義で自分の未来を深く考えさせられた気がする。

✿ やりたい事や起こってほしいことを考えるのは楽しかった。

✿ 自分が信じなければ、実現可能なことも不可能になってしまう。夢があるなら壁を壊し、自分にとって大切なものを掴むために、Visionを持ち行動することが大切だと思った。

✿ 普段どんなに小さなことでも、それをやっている自分を思い浮かべていることに気が付いた。スケールの大きなことも、Visionを持たなければ何も始まらないという当たり前のことに、改めて気付いた。

✿ 夢を叶えるためには、未来についての前向きなVisionとひたむきな努力が必要であると学ぶことができたので、自分も夢を叶えるためにこれからも頑張っていきたい。

✿ 「昔~をやっていれば、もっと~だった」という大人が自分の周りにはたくさんいる。これは、ただ夢を持つだけで、そのために行動して来なかった結果から出る言葉だと思う。このことに、自分で気付くのはすごく難しいと思う。このことに気が付いた自分をすごく幸せに思う。

✿ 今までは、将来の夢について漠然となれたらいいなぁとだけ思っていたけれど、もうあと四年後には就職していないといけないので、夢が叶うように、土台作りをしていかないといけないと思った。

✿ 自分の将来を事細かく書いていく内に、頑張らなきゃという気持ちが湧いてきた。人生ボーっとしていたら早く去ってしまうから、今からできることを早めに頑張っていこうと思いました。

教室外エクササイズ⑪

自分の幸せの要素に応じて、図8に示されたような図を作りましょう。そして、各領域に、五、六個以上のVisionを書き出していきましょう。

Visionを思い浮かべる時に守らなければならない条件は、その事柄の実現可能性は無視することです。自分が期待している事柄のみが、この書き出す作業によって『実現のチャンス』を与えられると思ってください。書き出さないものは、そのようなチャンスさえ与えられないのです。

さあ、自分が「こうありたい」と願う状態や状況を、Visionとしてどんどん書き出していきましょう。

Visionまでの道筋

Visionに関する最後の授業は、学生たちが書き増してきたVision用紙を、幸せの要素ごとに、時系列を追って机の上に並べることから始めます。机の左端を現在にして、そこから右方向に五年後、一〇年後といった具合に、Vision用紙を順番に一列に並べていきます。また、各列には、『職業』、『人間関係』、『環境』といった幸せの要素名を書いた紙を置きます。

ここまでの作業が完了したら、全員が席を立ち、他の人たちのVisionを自由に見て回り始めます。前の週以来、自分のVisionばかりを考えてきた学生たちは、他の学生たちが想像したVisionを見ることにより、さらなる想像への刺激を受けることになります。

「自分のVisionは自分だけのために書いたので、人に見せるのはプライバシーの侵害になる」

といった拒否反応はまったく起こりません。それよりも、学生たちは、同世代のクラスメートがどのようなVisionを持っているかの方に関心を持ちます。彼らは、一つひとつのVisionを、真剣に、じっくりと読み始めます。自分ひとりで考え続けていると、次第に自分の思考が柔軟性を欠いてくるものです。その時に、他のクラスメートたちがイメージしているVisionに触れると、また違った角度から、再度自分のVisionを考えていくことができるようになります。

ひと通り見終わったら、各自席に戻ってもらい、さらに一〇分から一五分ほど時間を取って、今、クラスメートたちのVisionを見て回った時に浮かんだ新しいVisionを書き留めたり、すでに書いていたVisionに肉付けをしてもらいます。

さてVisionの書き出しがほぼ終了すると、最後の作業として、Visionまでの道筋作りに入ります。

Visionは目指すべき到達点ですが、到達点だけ決まってもそれを実現することはできません。到達点に達するには、現在からそこに至るまでの間に取るべき行動や満たしておくべき状態を、明確に理解しておく必要があります。これらを『道筋』と呼びます。

到達点までに起こすべき事柄を事前に理解し、それらを一つずつ順番に起こしていけば、最後のVisionが達成される確率はどんどん上がっていきます。反対に、Visionだけは明確に持っていたとしても、そこまでの道筋が分かっていなければ、Vision達成の確率は限りなくゼロのままです。

『Vision』という概念と『夢』という概念は、一つの点を除けばほぼ同じものを指しています。多くの人は

「夢とは未来のある時点での理想の状態や状況」を指すものだと考えます。『理想を語ったもの』を夢と呼ぶのです。そして、この理想が現実のものになるためには、才能に恵まれていたり、個人の力を超えた運が欠かせないと思ってしまいます。すると、

「夢は、必ずしも叶うものではない」

という言葉が説得力を持ってきてしまいます。しかし、この言葉は、夢とは本来そのような特徴を持ったものなのだということを言っているわけではなく、

「道筋が分かっていなければ、夢はいつまでも夢のままである」

という、夢に至る前段の部分についての事実を述べているのに過ぎないのです。

こうして見ると、夢とVisionの違いが明らかになってきます。夢を語る時には必ずしも考えに入れない重要な要素を、Visionを語る時には必ず考えます。それは、『道筋』です。未来の理想について語って終わっただけのものはVisionとは言えません。Visionは、それが明確になり次第、道筋作りにその人の目を向けさせるのです。

そこで、これまでVision作りを行ってきた学生たちが最後に学ぶステップは、この道筋の作り方です。

手始めに、学生たちに、大学卒業時を一つの目安として、自分のVisionの中から今後四、

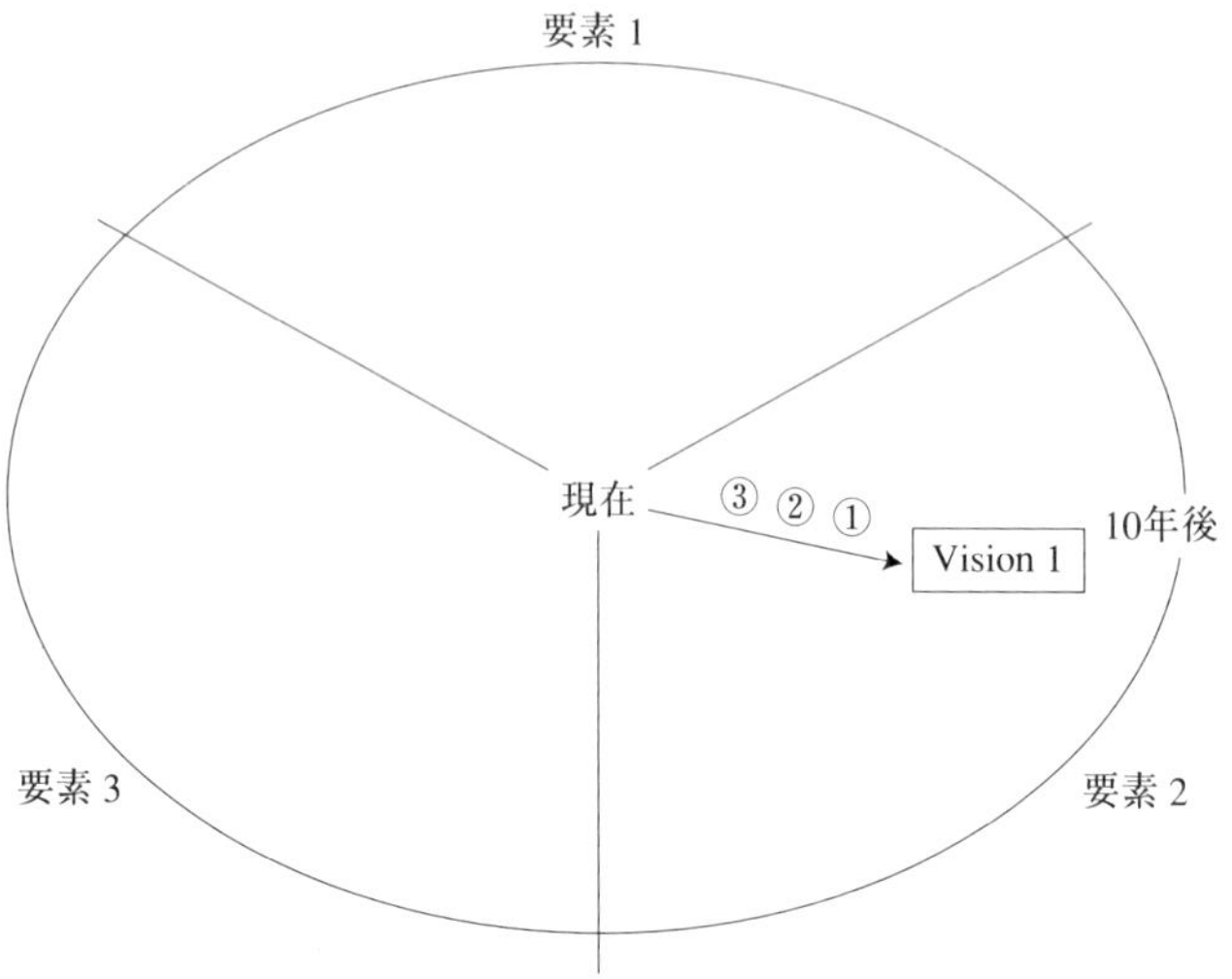

図10　Visionへの道しるべ

五年で達成したいものを一つ選んでもらいます。そして、図8に示されたような図の中で、そのVisionを現在から四、五年後の位置に書き入れます。図10はその部分を拡大したものです。円の中心は現在です。現在とVision 1との間には空白があります。その空白を埋めていく作業が道筋作りです。

空白部分の中でまず注目するのは、図の中で①と記した、Vision 1に最も近い部分です。ここには、そのVision 1が達成される前に起こっているべき事柄や起こすべき事柄を書き入れます。次は②の部分です。①の状態に至る前に起こっているべき事柄や起こすべき事柄を、この部分に書き入れます。こうして、現在とVision 1の間の空間の主要な点に、道しるべを設けていきます。

例えば、Vision 1が「大学卒業後、ファッション業界の企業に就職する」というものであった場合、①では、何十とある企業の中から、新卒の採用状況、転勤の有無、過去の業績と今後の展望等の要素を考慮して、希望する会社を絞り込む必要があります。その前段である②では、その業界のどこかの企業に夏休みの間にインターンシップに行ってみたり、大学の先輩を訪ねて実際の仕事の内容を調べたりします。さらにその前段階である③では、その職種で必要となる資格や、TOEIC等の英語の資格を取っておくことが必要となるでしょう。

このように道しるべを明確にすることにより、当初は未来の抽象的な事象だと感じていたVision 1が、ぐっと現実味を帯びてきます。そして、①、②、③のように、ある状態の前段の状態はどうあるべきかを考え続けていけば、最終的に現在にたどり着きます。こうして、そのVision 1に向けて今日、明日からするべきことが見えてくるようになります。

リフレクション

✿ 将来自分は何になりたいか決まっていなかったが、考えさせられている。

✿ 自分の将来の目標、あるいは、何のために何になりたいか、どう変化していこうか

という ことを改めて考えさせられました。

✿今日の授業はとてもためになったし、もう少し自分で、具体的に、じっくり考えてみようと思います。また、みんなのVisionにはユニークなものが多く、とても参考になった。

✿確かに、「××年にこれを必ずやる」というVisionを立てなければ、そのことは絶対に達成されることは無いのだなと、新しい発見をすることができた。

✿想像しないと、人は本当にやりたいことができないのだと分かりました。

✿今日自分で作ったVisionカードを見て、Visionが本当に達成したように感じている。自分は、これから何をするかがはっきり分かってきた。

✿今日、未来のVisionを具体的な形にしてみて、自分の未来がおぼろげながら見えてきた気がした。そして、そこにいくためには努力が必要だと感じた。これからは夢に向かって努力し、一歩ずつ前に進んでいきたい。

教室外エクササイズ⑫

自分のVisionから一つを選び、図10のように、①、②、③…と現在までの道筋を書き出してみましょう。最後の番号を書く場所は『現在』です。その番号のところに書かれたことが、今日から始めることです。

さっそくそれに取り掛かりましょう。開始を明日に延ばすと、そのVisionの達成は一日かそれ以上先に延びてしまいます。今日から行動を始めることが、Visionにたどり着くもっとも効率的で効果的な手段なのです。

二―九　他者のために行動する

二〇〇四年の夏は、新潟県を皮切りに、歴史的な大雨が日本のいくつもの市町村を襲いました。七月末の大雨では、福井県のあちこちで、洪水や鉄砲水により、多くの民家が床上浸水かそれ以上の被害に見舞われました。私は、二〇〇〇年の九月に起こった東海豪雨の際に、水害ボランティアとして民家の後片付けをした経験がありました。その時に、家族や親族以外のボランティアの手がどれほど必要かを目の当たりにしていたので、福井県の被災地にも水害ボランティアとして手伝いに行くことにしました。

その時期が丁度大学の前期試験期間が終わる頃に重なったので、過去に私の講座を受講した学生たちを誘ってみることにしました。呼びかけに応じてきた学生たちは、ボランティア経験はほとんど無かったのですが、新聞やテレビで被害の大きさを目にし、「何かできれば」と感じていた学生たちでした。

このような経緯で、福井県での水害ボランティアには合計三回、毎回違ったグループの学生たちと行ったのですが、ボランティアを終えた学生たちは全員、それまでに感じたことの無いような充足感に満たされていました。彼らは、

「被災地の方たちに少しでも役に立てれば」

あるいは、

「自分たちの力を提供できれば」

と思って行ったのですが、実際には、自分たちが貢献したものよりも大きなものをもらって帰ってきたのでした。

この時の学生たちの変化が強く印象に残っていたので、ボランティアに似たような何らかの活動を入門ゼミの学生たちに体験してもらうことを考え、

「今後一週間の中で、自分のことは脇に置いて、他人のためになることをいくつか行い、

それらの行動に関して感じたこと、または、気付いたことをまとめる」という課題を出しました。

以下に、この課題に対して学生たちが取った行動のいくつかを紹介します。

＊ 電車の中でお年寄りや妊婦さんに席を譲った
＊ 自転車置き場で困っている人に手を貸した
＊ ファミリーレストランで、もらったおつりを募金箱に入れた
＊ 駅で乗る電車を一本遅らせ、その時間で駅前のゴミや吸殻（合計一二八本）を拾った
＊ 母親に代わって夕食を作った
＊ 夕食後、家族全員の食器を洗った
＊ 親の車を洗車した
＊ 二世帯住宅に住んでいる祖父母の家事を手伝った

授業では、自分が取った行動を通して何を発見し何を感じたかを、一人ひとりに発表してもらいました。彼らの感想は次のようなものでした。

「すがすがしかった」
「初めは照れたが、『ありがとう』と言われて嬉しかった」
「温かい気持ちになった」

「自分のちょっとした勇気で相手が幸せになり、同時に自分も幸せになれた」

「相手も自分も同時に嬉しくなった」

「勇気を出してやってみて、嫌な気持ちになることはなかった」

「自分にとって良い経験になったので、次もやろうと思う」

「自分の生きがいを感じることができた」

これらの感想の中で、

「嬉しくなった」

「次もやろうと思う」

といった二つは、学期の初めの方で、「後回しにしてきたことをやろう」という一週間課題を達成した時に学生たちが抱いた感想と重なっています。また、

「勇気を出してやってみて、嫌な気持ちになることはなかった」

というのは、六人ミーティングで、話したことのないクラスメートと話をしてみた時に多くの学生が感じていました。

このようにいくつかの感想には、これまでの感想と似たものがあったのですが、入門ゼミで行ってきたこれまでの課題と今回の課題とは、ある点で大きく違っていました。それは、これまでの課題はすべて『自分のために』、あるいは『自分を意識して』行ったことで

あったのに対して、今回の課題は『他者のために』したことであったという点です。

この違いに注目して、もう一度学生たちから出された感想を見ると、

「自分のちょっとした勇気で相手が幸せになり、同時に自分も幸せになれた」

「自分の生きがいを感じることができた」

といった感想が特別な意味を持ってきます。これらの感想は、幸福感や自分の存在意義に関するもので、学生たちがそれらを感じることができたのは、彼らが『他者のために』動いたからでした。

Visionを考える前に、その前段として『幸せ』とは何かを考え、学生たちは自分自身の『幸せの要素』を見つけました。そうして出てきた『幸せの要素』の多くは、当然のことながら、健康や仕事、人間関係や環境といった『自分』に関わる要素でした。

今回の一週間課題は、幸せになるためには、自分を中心に置いて物事に当たるばかりではなく、他者のために動くことも大事であるということを理解してもらうために行いました。

「自分以外の人のために何かをする」

ということは、『幸せの要素』に欠かせない大事な一要素なのです。

教室外エクササイズ⑬

何でも良いので、今日、他の人のために何か一つ行動を取りましょう。そして、その行動を終えた時に、感じたことや発見したことを書き出してみましょう。その行動が、あなたの幸せ観に、何か新しい視点をもたらしましたか。変化があれば、自分の『幸せの要素』の円にさっそく反映させましょう。

第三章　挑戦の結果

三―一　喚起された力

入門ゼミの最後の授業では、これまでの十数回の授業の内容を振り返り、各回のテーマがどうつながっていたかを整理していきます。このまとめにより、受講生たちにこの入門ゼミが目指してきた方向を再確認してもらいます。

まず初めに、学期を通して行ったいくつものエクササイズや課題を振り返り、それらを通して、学生たちが様々な『力』を発揮してきたことを明らかにしていきます。

最初の授業で行ったエクササイズは、連続自己紹介でした。自分の順番よりも前に自己紹介をした人たち全員の紹介内容を繰り返してから、自分のことを皆に紹介するという自己紹介法です。一般に行われる自己紹介は、自分の番が来たら立ち上がって、氏名、出身地、そしてもう一言か二言何かを話し、着席するというものです。このような形態の自己紹介では、学生の関心は、自分の番を如何に無事にやり過ごすかに置かれます。他の学生たちに、自分の紹介内容がきちんと伝わっているかどうかは大きな問題ではありません、また自分自身も、他の人が行う自己紹介にそれほど注意を払っておらず、何となく聞き流しています。

ところが連続自己紹介では、学生たちはまったく違った姿勢を求められます。まず、他の人の自己紹介を記憶しなければならない状況に置かれるので、人の話に神経と注意を集中させます。一人のクラスメートの紹介が終わると、それを記憶にとどめ、その人の紹介がその後繰り返される度に、記憶の確認を行います。そして自分の番になった時には、クラス全員が自分の発するすべての言葉を聴き逃すまいと注目している状況の中で、話をすることになります。教室で椅子から立ち上がって、先生や黒板の方に向かって独り言のようにしゃべる自己紹介とは、自分に向けられるクラスの注目度が各段に異なります。このように、連続自己紹介では、学生たちは、『集中力』、『記憶力』、そして皆の注目下でも『臆せず話す力』を発揮しました。

第二のエクササイズは、指定された本の内容を自分に照らし合わせながら読み、本の登場者の性格についてクラス全体で話し合うというものでした。このような学習は、学生たちにとっては初めてのものでした。ストーリーを追うだけでなく、本の中の登場者の性格の違いをきちんと理解するために、学生たちには、本の内容を『深く読み込む力』が求められました。その上で、自分がどの登場人物に重なるかを考えるには、『自己分析力』を発揮しなければなりません。学生たちは、やがて、物語の中の登場者の性格が自分にも当てはまることに気付き、自分の意識していなかった面を発見していくことになります。

小グループに分かれて話し合う場面では、彼らは、自分の意見を整理する『要約力』、それを口に出して伝える『発言力』、グループの他の人たちの『意見を聴く力』、さらには、自分と違う意見でも、そういう見方もありうるのだと『受け入れる力』を発揮したのでした。

これらの力はいかなる話し合いにも欠かせないものなのですが、過去に、何かについてじっくりと、特に、自分と深く関係する事柄について他者と真剣に話し合った経験が乏しい学生たちには、これらの力が要求される話し合いは、しばらくの間、この講座の頭痛の種だったはずです。グループで話し合ったことを皆の前で発表する時には、彼らは『プレゼンテーション力』を使うことを求められました。また、他のグループから出てきた意見にコメントや質問をすることを通して、学生たちは他者の意見に『反応する力』を駆使していきました。

第三のエクササイズは、クラスの中でまだ話をしたことがない人を選んで、その人と一対一で話をするというものでした。誰もが、初めての人と話をする時には緊張し不安を感じます。このエクササイズでは、「ペアを作って、一定時間一対一で話をすること」を課題として義務化することにより、学生がこのような不安のために立ち止まってしまう状況が生じないようにしました。学生たちは、『初めての人とでも話しをする力』を一時間使い続けました。

この授業の最後には、この力を応用する課題を出しました。それは、学生たちが受講している他の講座で、その担当教員に授業に関連した質問をして来るというものでした。この課題では、学生たちは、『不安の壁を自分で取り払う力』、教授に聞きに行くという度胸と積極性、そして質問を見つけるべく授業に『集中する力』を求められました。

第四のエクササイズは、「自分にとっても実践した方が良いと分かっているのだけれども、今まで何らかの理由で避けてきたり、先延ばしにしてきたりしたことを一週間やり通してくる」という一週間課題でした。このエクササイズで学生たちは、『辛い事から逃げない力』と、一度決めたからには『最後まで継続する力』を、自分に呼び戻すことを求められました。そして、これらの力を出し切った時に何が起きるのかを体験しました。

第五のエクササイズは、毎週一冊のペースで三週間で三冊の本を読み、それらについて話し合うというものでした。ある本についての自分の読み方を他者に語る、あるいは自分の気に入った本を他者に薦めるという『自己開示力』は、このエクササイズで学生たちに新たに求められた力でした。また第二のエクササイズと同様に、学生たちは、『要約力』、『発言力』、『他者の意見を聴く力』、そして他者の異なった見解も『受け入れる力』を再び使いました。さらに、今まで避けてきたり嫌ってきたりした本を読むということから『逃げずに取り組む力』も三週間使い続けました。

第六のエクササイズは、自分にとっての『幸せ』の定義を明確にして、それを得るために今後達成して行きたいVisionを思い描き、そこへの道筋を明らかにしていくというものでした。自分の幸せを考えるには、『自己分析力』が求められます。Visionを思い描いていくために、学生たちは、小さな頃に封印してしまった、あるいは、封印させられてしまった『想像力』を、再び稼動させ始めました。そして、Visionへの道筋を築いていくために、学生たちは『論理的思考力』を発揮したのでした。

最後のエクササイズは、「他者のために行動する」というものでした。ここで学生たちに求められたのは、とにかく『行動してみる力』でした。

三—二　Richな人間

このように、入門ゼミで繰り返し行ってきたのは、
「普段は眠らせている、あるいは無意識のうちに使うことを避けてきた様々な力を、エクササイズに取り組む中で使う」
ということでした。

学生たちは、高等学校までは大学に入学することを主な目標として、『学力』という名の力の養成に必死になって来ました。しかし、今後社会人として社会に能動的に関わっていくためには、前節に挙げたような、偏差値では計れない様々な力を身に付け、鍛え、そしてそれらを思いのままに発揮できるようにしていく必要があります。

この訓練ができるのが、大学の四年間です。そしてそのための最も効果的な手段は、自ら新しいことや領域に『挑戦』をし、そこで直面する課題を、その時々に求められる力で乗り越えていくことです。

挑戦とは、山の麓の平坦な道をいつまでも歩き続けるのではなく、山道に足を踏み入れていくということです。挑戦とは、今よりも高いところに目標を設定し、それに向かって

行動していくことです。中途半端な力の行使では、そのような目標は決して達成されません。『集中力』、『発言力』、『逃げない力』等、どの力も、今までの自分の限界を超えて発揮されなければならないのです。入門ゼミで行ってきたエクササイズのどれもが、学生たちにとって新しいことへの挑戦でした。

挑戦し続ける人間は、着実に、そして確実に、『力』を付けていきます。例外はありません。他方、挑戦しない人には、力の伸びは起こりません。

『力』を自分のものとし、伸ばし、そして発揮し続ける限り、自分が目指したVisionが現実のものとなる可能性はどんどん高まっていきます。Visionまでの過程は決してなだらかではなく、多くの場合Painを伴いますが、そのPainが大きければ大きいほど、Visionを達成した時のPleasureは想像を超えた大きさでその人を満たします。

こうしてVisionや目標を達成する度に、学生たちは自分の中にあった『潜在能力』に気付いていきます。そこに『自己発見』が起こります。それより以前の自分とは明らかに違った自分がそこに居ること、自分が人間としてよりRichになったことを実感します。

さらに、この実感の後に心に広がるのは、

「前よりも自分が好き」

という思いです。

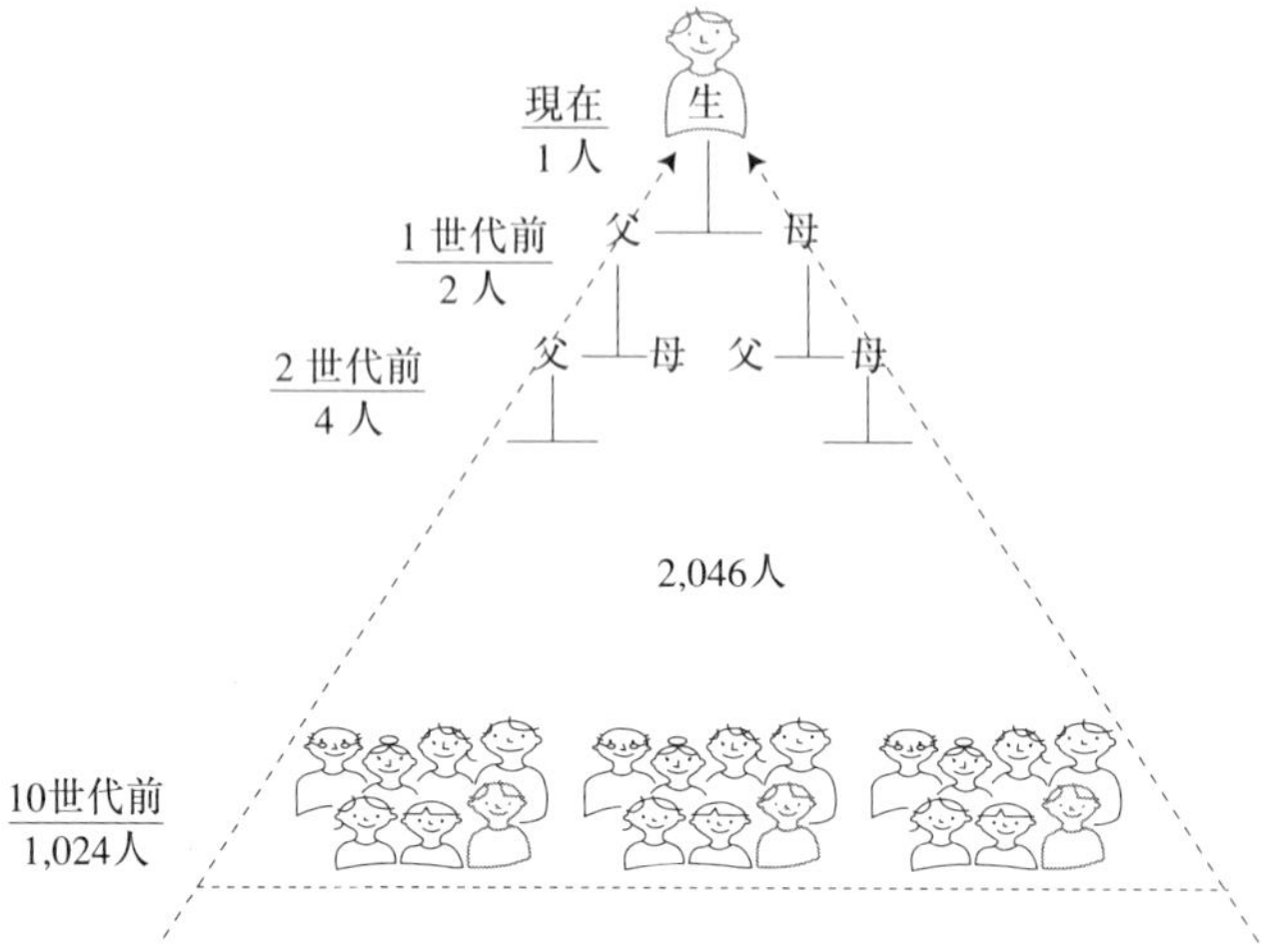

図11　バトンリレー

「自分が好きですか」

と聞かれた時に、肯定的な返事ができる学生は多くありません。大人でもそうかもしれません。自分を好きになるには、自分の中に眠っていた特長や能力に気付き、自分の存在価値を確認することが欠かせません。そのためには何かに挑戦することが不可欠なのです。挑戦をし続ければ続けるほど、その人はますますRichになっていきます。

そのようなRichな人間になる必要性は、相田みつを氏の『自分の番、いのちのバトン』という詩の中に見ることができます。

私たちがこの世に存在しているのは、図11に示すように、一世代前に父親と母親という二人の人たちが居てくれたからです。そして、両親が生存できたのは、二世代前にそれぞれの両親合計四人が居てくれたからです。こうして遡っていくと、一〇世代前には、一〇二四人もの先祖が生きていたことになります。

この一世代前から一〇世代前までの、自分の存在につながった人たちの総数は、実に二〇四六人です。もし二〇四六人の中でたった一人でも欠けていたら、あなたは今こうしてこの世に存在しなかったのです。私たち一人ひとりは、二〇四六人の、いやそれ以上の人たちが命のバトンを引き継いで来てくれたがゆえに、今この瞬間にこの世界に生きていられるのです。

私たちは、この世では物理的には一人の存在ではありますが、実は過去からの命のバトンの頂点で生かされている存在であり、同時に、そのバトンを未来につなげる役割を担った存在なのです。

自分の持っている力に気が付かない人、気付いていても開花させようと努力しない人、周りに流されて自分を自覚できない人、そして自己の成長の喜びを感じられない人は、自分の存在をいとおしく感じることはできないでしょう。

「自分を好き」

とは言えない人が、どうして未来の世代のことを考えるでしょうか。そのような人たちは、それまでのバトンの蓄積を使うだけか、最悪の場合は、それを自分の命を絶つことで破壊さえしてしまいます。

自分が受け継いだ命のバトンの重みを感じ、そしてそれを未来により良い形で手渡していく人になるためには、地位、名声、金銭などの外的なRichさばかりを追求するのではなく、自分の内面をRichにしていくことが必要です。そのように内面的にRichになった人は、自然と、他者にも良い影響を与えていきます。

一学期間、学生たちは、この入門ゼミの中で様々なエクササイズに挑戦してきました。それらの挑戦を乗り越えてきた結果、彼らは入学時より数段Richな学生に成長しました。

リフレクション

✿ 一学期間やってきたことを振り返って一番良かったのは『チーズ』の話で、内気だった自分が積極的に話せるきっかけを作ってくれた。

✿ 今日の授業のRichな人間の話は良い話だと思った。金持ちだけがRichじゃなくて、『人間として』が大事なこと。自分を大事にしたいと思った。

✿ 自分が存在していることに大きな意味があるという話はぐっときた。理解はしたし、いろいろ考えたけれど、これから自分がどうするか行動で示したい。

✿今日は自分が存在する大切さを知った。こんなことを考えたのは生まれて初めてだった。本当に自分の命の大切さを知った。

✿今までの授業の総まとめで、全部つながって意味のあるものだったんだなと実感。これで自分が成長しなきゃ意味のないものになってしまうので、これからどんどんRichな人間に変わりたい。

✿この入門ゼミは、自分の人間形成の意味でも、これからの自分のためにも、とても役立った授業だったと思う。頭では分かっていても行動に移すのがとても難しいけれど、大学生活の中で変わっていきたいと思う。

✿今までのゼミの意味がすべて理解できた。これからの自分を、精一杯頑張って生きていきたい。

✿ゼミのことについて改めて考えてみると、普通の講義では学ぶことのできない多くのことを学べたと思う。

✿ゼミで、挑戦することの大切さ、そこから人間的に豊かになれるということを教わりました。このゼミで教わったことを、これからもずっと継続していきたいと思います。

✿私は挑戦することの大切さを知った。今までチャレンジする努力をして来なかったなと改めて思った。入門ゼミで学んだことをちゃんと実行に移したい。

✿

ゼミで今までやってきた挑戦を振り返って見て、どれも自分が避けて来たもので、今までの自分がいかにPoorな人間だったかが分かった。これからはRichな人間になっていきたい。

✿

今までのゼミでの活動を振り返ってみると、意外とチャレンジしたことも多く内容も濃かった。俺は、このゼミの影響で本に関心を持った。マジで。

✿

この入門ゼミで、本を読んだり話をしたり、考える力を存分に使ったことが大変ためになったと思う。面倒くさかったりもしたけれど、有意義な授業でした。

✿

半年間入門ゼミをやってきて、短かったような気がします。それだけこの半年は充実していました。精神的な面など、とにかくいろいろな面で成長したと思います。

✿

このゼミで学んだことを糧にして、しっかり生きていこうと思います。

✿

このゼミを通して得てきたものは、人生において大切なものばかりでした。

✿

この講義で大学生活が決まった。

✿

この授業を受けていない人もいるので、その人達にこの授業で学んだことを教えてあげたいと思いました。この大学生活中にもっと多くの力を付けて、Richで他人を幸せにさせる人間になりたいと思いました。

✿　本当に先生にはいろいろなことを教わりました。それだけでもこの大学に来て良かったと思います。そしてこれからは、自分自身でチャレンジしていこうと思います。

三―三　最終レポート

一学期間の学びのまとめとして、本講座のテーマである『自己発見』と『自己成長』が自分の身にどのように起こったかを、学生自身の言葉でレポートにしてもらいました。レポート作成に当たっては、

①　どのような自己発見が起こりましたか

②　入門ゼミを通して自分の何かが変わりましたか。変わったとしたら、それはなぜだと思いますか

③　変わらなかったとすれば、それはなぜだと思いますか

という問いかけを行いました。

受講生たちが本講座を通して考えたこと、体験したこと、そして身の上に起こった変化などを、テーマごとに整理して以下に紹介したいと思います。

◇壁◇

＊この入門ゼミを通して、私の目の前にあった壁は少し低くなった。まだあるけれども、ゼミでやったことを忘れなければ、壁はどんどん低くなっていくと思う。少し自分に自信がついた。言葉の通り、自分を信じられるようになった気がする。そして自分に起きた変化を自分で気付くことができて本当に良かった。（女子M）

＊今思えば、簡単に越えられるはずの壁をただ見ているだけで、何かをする前からできないことと決めつけて、チャレンジすらして来なかった自分が、情けないしすごくカッコ悪いと思う。他人に何かしらの影響を与えられる人間になりたいと思うから、大学生活やその先にある長い人生の中でぶつかっていく壁一つ一つを乗り越えて、自分自身をもっと高めていきたい。（男子K）

＊話し合うことで、自分の考えには無かった選択肢が出てくるし、それを吸収することが自分を変えるきっかけになると思う。人と話すことが、自分を成長させてくれる大きなポイントだと分かった。たくさんの人と話せば、それだけたくさんの知識を吸収でき、自分を成長させられる。でもそれができないのは、自分が知らずに周りに作っていた壁のせいだということを、このゼミで教わった。そして、その壁を破った後には、自分はもうすでに変わっていると思う。（男子Y）

＊
自分の壁や、自分が今までいかに小っちゃい人間だったかということに気付かされました。僕は、自分が今までにやってきたことや経験してきたことに、すごくプライドを持っていました。しかし、ゼミでいろいろ考えて自分を見つめ直した結果、過去にこだわっていつまでもしがみついているようじゃダメだ、新しい自分を見つけるためにできることをしていこうと、今は思っています。（男子S）

＊
自分の内面は、気持ちの持ちようでどうにでもなるし、それどころか、後ろ向きだったのを前向きにすることだってできることを学びました。「自分の周りに知らずに築いていた壁を取り除いてくる」という課題の成果が僕にとっては決定的で、他人との間に壁を作っていることが愚かなことだと思うようになってから、自分が後ろ向きではなく前向きになれました。（男子N）

＊
『チーズはどこへ消えた』や一週間課題などでも学んだことだが、壁は自分が思っているほど高くはなく、乗り越えるのは自分が思っている程困難ではないことを痛感した。でも実際のところ、なかなかきっかけが無いので、変わりきれていない自分に気付く。いや、きっかけが無いということはない。きっかけは自分で作るものである。僕はまだ壁の真ん中にへばりついている段階なのかもしれない。あと一歩で変われるのかもしれない。Painを乗り越えた時のBig Pleasureがもうすぐそこにあるのかもしれ

ない。そうやって思うとやる気が湧いてくる。僕は自分の可能性を信じている。……Richな人間になるというのは、これからの僕の生涯の目標になりそうだ。……先生の伝えたいことは、ちゃんと僕の心まで届きました。これからはそれを僕が実行していくだけです。（男子Y）

◇発言◇

＊少人数での話し合いの時、自分が意見を言わなくては話し合いが成り立たないと分かった時から、自分の意見が言えるようになってきました。自分が意見を言わないせいで、みんなに迷惑がかかってしまうということが、恥ずかしさや相手にどう思われるかということよりも嫌なことだと気が付いたのです。そして、自分の意見を言っても、「そうだね」とみんな優しく聞いてくれたので、自分の意見を言うことへの恐怖が少しずつ無くなってきました。私はこれから、人の前で自分の意見を言うことに恐怖心を持たず、発言していこうと思います。（女子Y）

＊今までにも、授業で討論などをやり自分の意見を言ったりする機会はあったが、他人の反応を気にしすぎて、本当に自分の考えていることや思っていることを言ってはいなかった。しかし入門ゼミの討議では、みんなが本当に自分の考えていることを自分

の言葉で言っていた。それらにつられるように、少しずつだが、自分の意見を自分の言葉で言えるようになった。（男子R）

◇読書◇

＊私は今まで本を読むことが嫌いで、最初から最後までしっかり読みきったことがありませんでした。しかし、入門ゼミで何冊も本を読んでいくに従って、初めに感じていた「もういやだ、早く本を読みきりたい」という気持ちは消え、「次に何が起こるのだろう、どういったことが書かれているのだろう」という気持ちに変わっていきました。今では、本を読むということを苦痛とは思わなくなり、たくさん読んでみようと思っています。（女子Y）

＊入門ゼミで本を読むことは、今まで時間がないという理由をつけて読書を避けてきたので、苦痛でたまりませんでした。でも何冊も読むように課されて、それを実行せねばならないと思ったら、本を読むことは習慣となって全然苦痛でなくなり、その時間も作ろうと思えばいくらでも作れました。今までは、読書をしようという気持ちがなかった、やろうと思えばできることをしていなかったのです。今では私は読書をすることの大切さに目覚めて、自分で本を買って、空いた時間があれば本を読むようにな

りました。今は本を読む楽しさを味わっています。このことは、私にとってとても大きな変化です。（女子C）

＊ 自分に足りなかったものを本が教えてくれた。私はもっと本を読む習慣を日本人に付けさせるべきだと思う。なぜなら、自分の思ったことが一番良いとは思わなくなり、本を読むことにより、集中力も高まるからだ。学力低下も、集中力が低下しているのと関係があるように思える。本を読めば必ず集中力は向上する。このゼミによって、私がこれだけのことを考えるようになった。私は今まで、色々な意味で視野が狭かった。他のゼミより課題が多くてとても辛かったが、辛さよりも得るものが多かったため、とても満足している。（男子M）

＊ 今までは読もうとしなかった新しいジャンルの本も読むようになりました。三色ボールペンを使ってみると、新しい発見や、自分には無かった考えや知識を知ることができるし、人間としての自分の幅が広がると思います。本を読むペースも速くなり、今は週一冊のペースで読んでいます。（男子N）

＊ 本についての話し合いの時、同じ本を読んでいるにもかかわらず、一人ひとり線を引いている所が違っていた。自分が思ってもみない所に線が引いてあると、自分以外の人の意見や考え方も大切にしようと考えるようになった。私には人を思いやる気持ち

が一番足りなかったのかもしれない。これに気が付けたことはとても素晴らしいことだと思う。（男子M）

＊本について、自分のしっかりした意見を話し合ったので、他の人がどんなことを考えているのか、どんな人間なのかということを理解できた。普通にキャンパスで世間話をするような友達とは少し違う、奥深い友達を作ることができた。特に、自分の好きな本を他人に紹介する授業では、他の人の人柄や感性がとてもよく理解できたし、相手も自分の人間性なんかを理解してくれただろうと思う。（男子H）

＊『チーズはどこへ消えた』、『むなしさの心理学』、『読書力』、すべて本当に面白い本でした。多分、このゼミがなければ読むことはありませんでした。この三冊の本を読む機会を与えて頂き感謝します。（男子N）

＊「自分は本なんて興味ない」と思っていたけど、全然そんなことはありませんでした。ゼミを通して本の良さを改めて感じたし、みんなが読んだ本の紹介を聞いていたら、本当にいろんなジャンルの本に興味が湧いてきました。今までは本屋に行っても、雑誌のコーナーしか行かなかったのに、文庫のコーナーだけでなく本屋全体を歩き回るようになりました。（女子Y）

◇挑戦◇

＊ゼミで学んだことは、言われてみれば当たり前のことなのだが、実際に体験したり考えたりしたことによって、より鮮明に自分の記憶に残すことができた。これらのことを常に意識するようになった結果、今までは受け身の姿勢で臨みがちであったり、周りの雰囲気に流されがちであった自分が、日常生活をよりアグレッシブに送れている。（男子R）

＊やはり自分の殻を打ち破らないと前に進めないし、自分が変わることは一生できないかもしれない。大学は高校の時とは違って、自分でどんどん挑戦して行かないと、あっという間に四年間が終わってしまうような気がする。この入門ゼミで挑戦することを学んだ。これだけで、普通の大学生より一歩進んだ人間になれたように思う。新しい自分を発見しに、いつも挑戦し続けようと思います。（男子H）

＊毎回何かに挑戦させられてきて、ある時、今までいろいろな所にあった高い壁が崩れていくのが分かりました。自分一人では絶対に崩すことのできなかった壁も、入門ゼミという力を借りて、乗り越えることができました。これからは入門ゼミの力を借りることはできなくなるけれど、今ではその助けが無くても、自分の力でやっていける自信がつきました。（男子M）

＊入門ゼミでは様々な挑戦をし、新たな発見がありました。自分がPoorに近い人間だったということに気付いたことが、私なりの成長だったと思います。「完璧に成功しきらなくても、不成功でも、新たな自分につながればいい。精一杯の努力をしよう」、そう思えるようになったのが、チャレンジの成果だと思いました。このゼミで私に起きた変化は、私自身の視野が広がったことです。私はここまでたどり着けました。後は人の力を借りずに、私がRichな人間として未来をかなえるだけです。（女子Y）

＊今まで自分がやろうとしてこなかった部分、そして敢えて避けてきたような部分としっかり向き合うことにより、それらが分かったような気がする。そして、いろいろなことに挑戦してみようという気持ちが、少しずつではあるが出てきたような気がする。（男子T）

＊最も自分の価値観が変わったのは、一週間課題をやった時でした。課題を成し遂げた後は、思った以上に満足感や充実感を感じて、辛かったことなど忘れてしまうぐらい良い気持ちになることができました。これからも、これをきっかけにして頑張っていけそうに思います。（男子K）

◇考える◇

＊このゼミを取っていなかったら、私はこれまで通り周りの流れに身を任せて、ただ時間の浪費をして生きて行ったと思います。一つのことについてよく考えるようになったのは、「分かりません」という言葉が禁止された授業のおかげだと思います。（女子M）

＊何となくむなしさを感じる時、また、つまらなかったり脱力感を感じる時、今までは外に外に、別の何かをすることで解消しようとしていました。例えば、テニス、ダンス、バイト、彼女、遊びなどです。でも、それでは解決にならなくて、実は、内に内に問うことで、むなしさやつまらなさ、脱力感を無くすという考え方を知ることができました。むなしさや人生の意味が見いだせなくなったら、きつくても自分を見つめ、外に外に逃げようとせず、自分の内側を素直に見つめようと思います。（男子N）

＊このゼミを通して、真剣に考えなければいけない色々なことを考えさせられて、本当に良かったです。今後も自己発見を継続していきたいです。……今の時代において、人は自分を見失いやすいと思います。ゼミで学習したことは、自分をチェックする能力になったのではないかと思います。（男子K）

＊このゼミでは、みんなの意見や考えを聞ける機会が多く、その度に、自分自身のことも考えました。一回の授業の中だけでも、みんなの意見を聞いてそれらのことをよく

考え、最後の先生の話で納得する。毎回、満足感を得て帰れました。やはり、色んな人と出会ってその人を知り、同時に自分のことを考えるのは、とても大事なことだと思いました。(女子Y)

＊本を読んだ後での話し合いは良かった。ゼミでみんなと意見を交わすうちに、様々な考え方が出てくることが面白くなった。人それぞれ違うのは当然のこと。刺激し合って考えることは大切だなと実感した。ゼミは私にいろいろ考える機会を与えた。それだけで私には大きな変化だった。(女子M)

◇Vision◇

＊私はある目標をあきらめかけていましたが、入門ゼミを受けて、もう一回その目標に向かって頑張ってみようと思いました。やらずにあきらめるのはいや。未来は誰にも分からないけれど、分かるのは「今、自分が何をしたか」ということ。今があるから未来がある。どんな未来であろうと、「今この時、私は後悔したくない、するものか」と思います。恐れず、現実に負けず、自分自身に勝って、未来に頑張っていきます。(女子A)

＊変化を恐れてばかりいたら現状が変わることはなく、人間として成長することができ

ない。だから、これからはもっと前を見て歩いて行こうと思うようになれた。……多くのPainをこなしていけば、そのPainはPainでなくなり、最終的には大きなPleasureを得ることができると分かったので、多少苦手だと思うようなことも取り組んでいきたいと思えるようになった。……「未来に対する深くて前向きなVisionと姿勢は、より良い未来を築き上げるために不可欠だ」と学んだことは、自分を変えるに至った原因としてかなり大きい。（男子K）

＊

この授業の中で、改めて、自分の行動や思いを見つめ直すことができたことで、いかに今まで人のためになっていなかったか、いかに自分の夢までもほったらかしにしてきたかということが発見できた。（男子Y）

＊

「Visionを持つ」という言葉が、この入門ゼミで僕にとって一番の収穫だったのではないかなと思います。とにかく僕は臆病で、「夢なんてものは所詮夢であって、うまく夢を掴むことができるのは、ドラマの主人公ぐらいなものだ。それが人生というものだ」とずっと思ってきました。だから僕は、夢なんてものはずっと心の奥深くに閉じ込めていました。Visionを持つことによって、その夢に進むことができる。僕も忘れようとしていた夢に向かって、とりあえず頑張ってみようという気持ちになりました。とにかく努力を怠らずに、精一杯、悔いの無いように頑張りたいと思います。（男子K）

◇自分◇

＊以前の自分は人見知りが激しく、人との付き合いも余り得意ではありませんでした。いつも身近なPleasureの方に逃げて、Painを避けて過ごして来ました。しっかりとした発言力もなく、勇気もなく、マイナス思考だった自分がとても嫌でした。自分の意思や考えを押し殺すといった感じでした。自分が変わりたいと決心したきっかけは、間違いなくこのゼミでした。まだすべてが完全に変わったわけではないですが、少しずつでも、自分の理想に近づきたいと思っています。（男子A）

＊授業でやったすべてのことは、内面的に本当の意味で強くなるための手段だったと思う。私の考えるRichな人間とは、人のことを思いやることのできる人間だ。そのためには、まず自分のことを大切にして余裕を作らなければ、とても人のことを考えることなどできないだろう。だから、本当の意味で強くなるというのは、自分を好きになることであると考える。このようなことを考えられるようになったのも、私の変化である。（男子S）

＊「挑戦して成功すると、新しい自分が発見でき、Richな人間になって、自分が好きになる」。この言葉がとても印象に残っています。私は今まで自分を好きだと思ったことは一度も無かったと思います。自分を好きになりたいです。チャレンジしようと思う

たびに襲ってくる恐怖。私はこれからこれと戦って、それに勝たなければならない。そうしなければ、自分の可能性がどんどん狭くなってしまうからです。今まで恐怖に負けて逃げてきたことが多かった私が、このように決意できるようになったのは、とても大きな変化です。（女子C）

＊　私にとっては変わろうと思ったことが大きいし、その方法が分かったということはスゴイことです。……本当によく自分自身のことを考えるようになりました。自分の性格のここを直さないといけないとか、自分がやりたいことは何だろうと考えるようになりました。むなしさに向き合うようにもなりました。これから、自分が好きになれるような自分になりたいです。（女子M）

＊　自分は積極的になったと思います。色んな物事に興味が出てきたし、それについて調べたりするようになりました。行きたい場所ややりたいこともたくさん出てきました。あと、自分でいろんなことを考えるようになりました。Vision書きを通して将来のことも考えたし、今自分に必要なことは何なのかも考えました。（女子Y）

◇その他◇

＊　中国からの留学生といろいろ話していくうちに、自分が抱いていた、中国人は日本人

が嫌いとか、とっつきにくいとかいう考えは変わりました。少なくとも入門ゼミで一緒だった留学生の人たちは、話しやすかったし、日本人の友達のように話せました。

＊

教授に質問を三回してくるという課題を聞いた瞬間、「無理」って思いました。大学の教授は、高校などの先生と比べてどこか近寄りがたいところがあるので、聞きに行くのも怖かったです。質問しようと決めた日は、もう授業中からどこか緊張していてそわそわしていました。けれど、いざ聞いてみると詳しく教えてくれたし、分かりやすかったです。だからその後も質問に行っている授業もあります。一回そういうことをしてしまうと、次はもう聞きやすくなって、どんどん聞きに行けるようになりました。（女子E）

＊

人は見かけでは判断できず、自分の周りには実に様々な個性―価値観や世界観―を持った人がいて、そのような人に支えられたり刺激を受けたりしながら自分は生きており、また成長している。それゆえに、たくさんの人と接することが必要であり、一期一会の精神が大切であることが分かった。（男子R）

＊

入門ゼミを受けることによって、今までの自分がどのようであったか、これからどうしていけば良いのかなどを、知ることができました。この入門ゼミで教わったことを知らないままだったら、今後も友達をあまり作ることもなく、毎日ダラダラしていて、何をするにも面倒くさくて中途半端に終わってしまった、最悪な人生を送っていただろうと思えてきます。（男子K）

＊

このゼミがなかったら、自分の大学生活は大げさなことを言わず、本当につまらないものになっていたと思います。ゼミが始まる前は、常に一人だったし、もちろん壁を作りすぎていました。このゼミによって自分の大学生活は変わったし、良い意味で決められました。（男子M）

＊

肩に一切の重みも感じず、やりたいこと、やらなきゃいけないことをたくさん見つけて、思いっきり真剣に楽しんでやること。失敗してもどうしてそうなったかを探し、またトライする。一つの失敗でへこんでそれで終わらない。自由に、真剣に、楽しく世界を思いっきり広げて、可能性を無限に持つこと。それが僕にとってのRichな人生なのだと、このゼミで学びました。（男子J）

＊

ゼミで学んだ中で特に大切なのは、逃げない力だとか、耐える力だと思う。自分を含めた普通の人は、身近なPleasureに支配されやすく、Painの方へはなかなか行けるものではない。それは大変なことから逃げない力や、辛くても耐える力を持っていないせいだ。入門ゼミでやってきたことは、自分の子供とかにも教えてやりたいと思う。そ

うすればどんどんRichな人が増えていって、世の中はもっと良くなり、もっと住みやすい世の中になるだろう。（男子R）

第四章　挑戦の真の姿

四―一　『やるべきこと』と『やりたいこと』

大学というと、自由な場所というイメージが伴うと思いますが、自由というのは、プラス面だけでなく、その使い方によって危険なマイナス面を現す『両刃の剣』です。

大学での自由を、楽しいことや好きなことをするために使うことはできます。他方で、将来を考えて、今やるべきことをあえてするために使うこともできます。多くの高校生が、前者のように自由を享受することを楽しみして大学にやってきます。また、多くの大学生が、

「自由を満喫しなければ大学に来た意味がない」

と言うかのごとく大学生活を送っています。しかし、自由という両刃の剣が危険な面を現すのは、まさに自由をこのようなものと見なした時なのです。

学生たちは、

「合格までの受験勉強は本当にPainだ。合格した暁に、Painの後に待っているというPleasureを満喫して何が悪い」

と考えることでしょう。しかし、この考えには、二つの事実が見落とされています。まず、

「PleasureはPainだった行動の成果が出たその時に最大になる」

という事実であり、もう一つは、

「Painの後のPleasureは、こちらが意識的に選択したり選り好みしたりするものではなく、向こうからやって来るものである」

ということです。

受験について言えば、合格を知ったその瞬間に沸いてくる感情が、長い間の受験勉強というPainの後に待っていたPleasureなのです。そのPleasureに満たされた時に、その人はそれまでのPainの真の意味を理解します。そして、その意味が、その人に、今までに無かった新しい視点や視野、そして感情をもたらします。このようにして、PainとPleasureの表裏一体の関係が、一つ完結するのです。

このような関係を正しく理解せず、Pleasureの起こり方を自分に都合の良いように解釈したのが先の考え方です。大変であった受験が終わって、一定の成果が出た時に大きな

Pleasureを感じたにもかかわらず、それでは満足せずに、それ以降四年間の長期にわたって、自分でPleasureを選択し始めるのです。大学を、そして大学での自由を、現在のPleasureを追い求めることに使い始めてしまうのです。受験という社会の制度が、合格者にそのような権利を与えたかのような錯覚を覚えるのかもしれませんが、そのような権利は、残念ながらこの世の中には存在しないのです。

第二章の第六節『Painを乗り越えPleasureを味わう』で述べたように、Pleasureから物事をスタートとすると、その結末は決まっています。大きなPainが必ず襲ってきます。例外はありません。誰もそのような結末を望んではいないはずなのに、大学で保障された自由の意味を錯覚したままでいると、自然とそちらの方向に進んで行くことになります。

「大学に入ったら思いっきり遊ぶ」

「いろいろなアルバイトをする」

「あちこちに旅行する」

大学を目指している高校生なら当然考えることでしょう。人生の中で、このような宣言が可能であり、なおかつ、実際に実現できるのは、確かに大学生の時期だけかもしれません。そのような貴重な時間であることを考えれば、高校生や大学生たちがこれらを求めることを否定はしません。しかし、これらが大学生活の核になってしまうようであれば、話は別です。

大学に進学して新学期が始まり、大学生として専門知識を勉強し始めると、高等学校までの勉強内容や方法との違いに大変な思いをするはずです。しかし、新しい物事を始める時には常に、このようなPainに遭遇するものなのです。そして、この時にどう対応するかで、その人の『人としての強さ』が決定されるのです。

学期中は、どんなに大変であったとしても、新しい学問内容と勉強方法に、中途半端な姿勢ではなく、真摯に取り組むのです。息抜きの範囲を超えたようなPleasureに一度でも逃げてしまうと、後戻りするのが何倍も困難になります。『やるべきこと』と向き合うのは、学期の期間中だけでいいのです。学期には、やがて終わりは来るのです。遊び、アルバイト、旅行といった『やりたいこと』を、学期休みになったら褒美として自分に与えることを約束して、とにかくその学期の間は、最後まで勉強に向き合い続けるのです。

こうして一学期間、大学生としてやるべきことに集中できた暁には、想像していなかったような達成感、充実感、そして満足感に満たされるでしょう。言葉では表現できないような、様々なPleasureが混ざった大きな快感を経験するはずです。そしてその後の休みの期間には、自分への褒美としてとっておいた、大学生として楽しみにしていたやりたいことを思う存分しましょう。ひと山越えた後にする『やりたかったこと』ほど、心の底から楽しめることはありません。次の学期へのエネルギーも、自然と蓄積されていくはずです。学期中は、大学生としてキャンパスで『やるべきこと』に全精力を傾け、休み中は、若者としてキャンパスの外で『やりたいこと』を思う存分楽しむ。このメリハリの利いたバランスが、大学生活を充実させる秘訣なのです。

四―二　立ち止まって仲間と考える

第二章で詳しく述べたように、入門ゼミでは、学生たちはまず課題として出された行動を実践し、その後に時間を取って、その行動の意味を分析してきました。このプロセスを一三週間繰り返してきたわけですが、この『立ち止まって考える』という行為が、実は、学生たちに大きな変化をもたらした重要な要因の一つだったのです。

人は、何かの渦の中に居ると、その渦の全貌を見ることができなくなってしまうものです。高校生活でも大学生活でも、その中に居ると、流れに身を任すか流れから脱出するかがまずありきになってしまい、現在起こっていることや状況を、冷静に、かつ、客観的に考えてみることは後回しにされてしまいがちです。しかし、こうした分析を先延ばしにして日々を送っていくと、その人は思いもよらぬ方向に押し流されていくことになってしまうのです。

自分を取り巻く状況、自分の置かれた立場、その中での自分を、それらから距離を置いて第三者的な目で見つめてみることにより、それらの実体がより明らかになってきます。そして、その結果起こる『気付き』が、その後の行動を良い方向に変えていくきっかけになるのです。

＊　新しい生活を始めた大学は自分にとってはどういう意味を持つのか
＊　自分はどのような人間を理想とするのか
＊　自分の未来の方向を決定していくものは何なのか
＊　自分の判断を左右するものは何か
＊　自分の前に立ちはだかっている壁の正体は何か
＊　本は自分にとってどのように役立つのか
＊　成長とは何であり、どのようにして起こるのか
＊　自分は成長の結果をどう生かしたいのか

これらの問いに対する答えを見つけた学生は変わることができます。成長し始めます。そして、自分自身の成長に気付いた学生は、さらなる成長を求めて前進します。

一五、六歳から二二、三歳の高等学校や大学に通う若者にとって、絶対に必要であるにもかかわらず欠けているのは、自己形成を図るための機会です。若者たちに、

「自分自身のことをじっくりと真剣に考える機会を、自分から作っていますか」

と聞けば、ほとんどの人が首を横に振るでしょう。周りの大人たちに、

「若者たちが自分を見つめられるような機会を作ってあげていますか」

と聞くと、こちらの反応も否定的でしょう。このように、『渦に翻弄されている自分』を一段高いところから眺める機会を欠いているがために、若者たちは常に渦の中に居続け、その流れに身を任すか、流れから脱出すべくもがくことに終始せざるをえなくなっているのです。

これから長い人生を生きていく若者が、学生時代に是非とも理解しておくべきことは、成績、学歴、名声、金銭といった外的なものの賢い入手方法についてではなく、『自分の価値観』と『理想の自分』についてです。自分の価値観をしっかりと理解していなければ、第三者が提示してくる価値観に容易に流されていってしまいます。他人をある価値観に沿った方向に動かそうとする人間は、世の中にたくさん居るのです。自分の価値観が不明瞭であるということは、自分で自分の進路を不明瞭なものにしてしまっているということです。また、理想の自分の姿が無ければ、追い求めるものも守るべきものも無いことになり、

力の抜けた惰性的な生活を送るのみになってしまいます。

この二つの内的な理解を深めるために必要なのは、同世代の若者と一緒になって、これらのテーマについてまじめに話し合う数多くの機会です。若者たちはたくさんの情報を外部から受信はしていますが、自らの内面を他者に発信することはほとんどしていません。しかし、自分を作るには、この『自分を発信する』ことを避けては通れないのです。仲間との話し合いの中で自分を発信する。他のメンバーも同じように自分を発信する。彼らの意見は、それまで自分の耳に入ってきたどの情報よりも、自分の意見に刺激を与えるはずです。ある意見は自分の意見と共鳴し、別の意見には疑問が湧くかもしれません。そのような刺激を受けて初めて、自分の意見や考えがより自分らしいものとして固まっていくのです。

もしも、

「年上の人や自分が親しくしている人たちの話には得るものがあるけれども、それ以外の人の話には、自分にプラスになるようなものは余り無い」

と信じていたとしたら、それは明らかに根拠の無い思い込みです。若者の自己形成を助けるのは、親や先生や大人たちの話や忠告だけに限りません。同世代の、自分と同じような状況にある仲間たちと交わす、うわっ面ではない深い意見や考え方の中には、自分にプラスになることがとてもたくさんあります。

入門ゼミを通して大学一年生たちを教えていて驚かされるのは、彼らが、実に多様なことを、仲間たちから学び取ることができるという事実です。教育に携わる大人たちも、若者たち自身も、若者が他の若者たちから受ける深い部分での好影響に気付いていないようです。仲間たちとの真剣な話し合いの機会があればあるほど、若者たちは自己形成を進めていけます。そして、表向きには斜に構えたり無関心を装っていようとも、若者たちはそのような機会を心の底から欲しています。

教員はもちろん、教育職にない人でも、そのような機会を提供できる人達には、積極的に高校生や大学生たちに、自分の内面について真剣な話し合いができる場を作ってもらいたいと思います。彼らは、初めは、嫌がるかも知れませんが、それは、そのような機会に慣れていないがゆえの反応にすぎません。気にせずに継続すれば、彼らは必ず深く入り込んでいきます。

高等学校でも大学でも、あるいはその他の場でも、大人の役割は、若者に対して有益な話をすることと思われていますが、実は、若者自身に発信させるようにすることも、同じくらいに重要な大人の役割なのです。若者の発信を中心に置くことにより、若者が他の若者たちから学ぶという体験が可能になります。そのような場では、大人の側は、話し合いが感情の応酬にならずに、論理的に展開するように注意を払い、適宜議論の流れを整理します。大人の意見や忠告を提示するのは極力抑えて、とにかく若者たちに、普段考えていることを口に出して語ってもらい、また、その場で考えたことを抵抗無く発言できるような環境作りに専念します。

高校生や大学生の中で、そのような機会を提供してくれる教員や大人が周囲にいない人たちも、あきらめる必要はありません、無いものを待っていても何も始まらないので、その場合は、自分たちから動き始めましょう。表面的にはそんな素振りは見せなくとも、自分をより良くしたいと考えている仲間は、実は周りにたくさんいるのです。

「自分をより良くしたくない人は？」

と聞いた時に何人が手を挙げるかを想像してみれば、このことは明らかなはずです。五、六人で良いので、行動してみようという仲間を募り、自分たちで毎回特定のテーマについて考える機会を設けていくのです。『自分の価値観』を作り上げていくために、また『理想の自分』に気付くために、同世代の仲間たちからの刺激は欠かせません。自分一人の世界はあまりにも狭く、狭い世界にとどまる人間は、Richな人間になりようがありません。

動き出さない方が楽、つまりPleasureですが、『自己形成』という自分にとって重大な出来事を起こしたかったら、目の前のPainに押し戻されていないで、とにかく動き出し前進することです。第二章で紹介したような課題を、自分たちで実践してみることから始めると良いでしょう。どれも、過去数年にわたって、同世代の一八、一九歳の新入学生たちが自己形成に役立たせてきたものばかりです。

四―三　内面的達成

著名な精神医学者であり、ナチスの強制収容所から生きて戻ってきたという体験を持つヴィクトール・フランクルは、著書『それでも人生にイエスと言う』の中で、

「すべての人の人生においては、外面的に成功するかどうかではなく、内面的な成功こそが重要である」

ということを書いています。『内面的な成功』という表現は、少し理解しにくいかもしれませんが、その意味するところは、誰かに言われたのではなく、自らが掲げた自分自身に対する目標や課題を、最後までやり遂げるということだと思います。したがって、言い換えるならば、

「内面的達成こそが、人生において重要である」

ということです。

受験戦争の真っ只中にいる高校生にとって、外面的な成功とは、より高い偏差値を取ることであったり、より有名な大学に進学することであったり、または、高収入や安定が見込める職業に就けそうな学部に入ったりすることでしょう。親もこのような成功を期待するでしょう。

それではなぜ、誰も彼も一様に、同じような外面的な成功を望むのでしょうか。それは、私たちが生活しているこの社会が、

「外面的な成功は良いことである」

さらに言えば、

「人の価値やすばらしさは、外面的な成功で現される」

といった価値観で動いているからです。これが、先に何度か出てきた『渦』の一例です。

外面的な成功の難しさを、高校三年生、あるいは浪人生は、大学入学試験の結果によって味わいます。これはそれまでの人生の中でも重大な体験に違いないと思います。しかし、同時に、これはとても限定された体験でもあるのです。教育課程を修了して社会に一歩踏み出すと、外面的な成功が、一試験といった限定したものにとどまらず、実に多様な形でいろいろな場で求められてきます。そして、その要求は、社会人としてあり続ける限り何

十年も続きます。『受験勉強期間中』という、期限付きの成功要求とは次元が違います。

このような社会の現実に目を向けると、大学生でいられる四年間という教育期間の重要性が明確になってくると思います。小さい頃から、『良い大学に入る』という外面的な成功のみを目標に進んできた若者は、その流れの延長で、社会での一層厳しい外面的な成功競争に巻き込まれていきます。外面的な成功の追究は、ある面で個人を成長させることになるので、必ずしも悪いことではありません。真に問題なのは、

「外面的な成功しか追究するものが無い」

と信じこんだまま、そのような価値観の渦の中に居続けることなのです。これを断ち切るには一度立ち止まり、流れから一歩距離を置いて、自己について考え、自己の内面的達成に目を向けるという経験を、学生でいられる間に積んでおくことです。

これができる最適な期間は、高等学校二、三年生から大学三年生位までの四、五年間だろうと思います。多感な時期にこの体験をした若者は、外面的成功だけでなく、内面的達成があって初めて『人としてRichになる』ことを実感し、その後それを忘れることはありません。この気付きがなければ、その若者は、多くの場合、一生涯、外面的成功のみを追い求め続けていくでしょう。

一方で、確かに、学生時代にそのような体験をせずに来てしまっても、社会に出てから

の出来事をきっかけにして自分の内面に目を向けるようになる人たちはいます。何がきっかけになったかは千差万別ですが、その出来事が、本人にとって思いもよらずに起こり、なおかつ、苦しい、悲しい、辛いといったPainな体験であったことは少なくないはずです。これは、外面的に大成功を続けている人からは聞かれないような、人間の本質に迫るものをその言葉の中に持っている人に、過去に大変な苦労をした人、大きな困難を克服して立ち上がってきた人が多いことからも推察できます。

このように、ある出来事を境にして自分の内面に目を向けるようになった社会人の存在は、高校生、大学生に一つのヒントを示しています。それは、社会に出てから思いもよらないPainな出来事に襲われるまで待つのではなく、学生時代に自らPainな体験をあえて選択してしまえば良いということです。その選択の仕方は二つあります。一つは、現在抱えている問題に真正面から対峙することであり、もう一つは内面的達成に向けた挑戦を始めることです。

何か問題が発生したら、その問題から逃げたり、先延ばしにしたりして問題が存在しないかのように振る舞うのではなく、どれほどPainが大きく見えようとも、それに真っ直ぐに向き合うのです。

進学を考えている高校生ならば、

「期待したように成績が伸びない」

「今の学力から判断して、志望校・志望学部を変えたほうが良いと言われた」

「自宅から通える大学に行くように言われている」

といった問題に直面するかもしれません。また、大学生であれば、

「希望の大学・学部に落ちてしまったのでやむ無くここに来た」

「勧められてこの学部に来たが、自分のやりたいことはこの分野には無いと感じている」

といった苦悩を抱えている学生も多いと思います。これらのどの問題にも、

「自分には運が無いのだ」

「周りの環境が悪かったのだ」

「こうなったのは誰々のせいだ」

といった、何らかの外的原因を見つけることはできます。本当にそれが原因なのかどうかとは無関係に、自分の外に原因を見つけようとする限り、そうすることは常に可能なのです。

しかしながら、そのような外的原因の究明は、問題の真の解決にはつながりません。外的な原因が、こちらの都合に合うように変わってくれることは無いからです。結局、抱えている問題を、変わりようのない外的原因のせいにし続けてますます悲観的になっていくか、

「もうどうしようもない」

とあきらめ、その問題に目を向けないように努めていくしかなくなっていきます。

問題が改善に向かって動き始めるのは、本人が自らの視線を、外的な原因ではなく自分の内側に向け、自分をより好きになる方向に自分を変えようとし始める時のみです。視線が外や他人ではなく、『理想の自分』に向かうと、初めて問題の解決のために自分がすべきことが見えてきます。

口を開けば、

「成績が伸びない」

という不満の言葉を発している自分をどう思いますか。その言葉を何度繰り返しても、成績が自動的に上がって行くわけではないと分かっていながら、そこから脱しない自分をどう思いますか。希望の大学や学部に落ちて今の大学や学部に来たという事実を、

「自分はやむ無くここに来たんだ」

と、事あるごとに確認している自分は、入学してからどれくらい進歩していますか。どれくらい成長していますか。入学以来これまでの時間は、自分にとって必要だったと胸を張って言えますか。

人は何か困難に直面すると、自分の中に、『人としてとるべき道、または、負けない道』を示す声と、『その場のPainを回避する道』を示す声の二つを聞きます。後者の声はより大

きく、かつ、魅力的に響きます。しかし、前者こそが『理想の自分』が発している声なのです。この一点を忘れず、自分の取るべき行動や姿勢について答えを探すのです。『理想の自分』の声を聞こうとすれば、答えは必ず出てきます。

一方、幸いにこのような問題に悩まされていない若者にとっても、注目すべきものはやはり同じ『理想の自分』です。「自分を好き」とは言えない人は、理想の自分に向かって目を上げることを避けているか、理想の自分になることをあきらめてしまっているのです。どちらの場合も、心の奥底では、理想の自分を捨て去ってなどいないのにです。理想に向かう必死の努力をしていない自分に気付いている。そんな自分を良いとは決して思っていない。だから、そんな自分を好きとは言えない。解決策はとても単純です。『理想の自分』を閉じ込めることを止めるのです。『理想の自分』を大事なVisionとしてはっきりとイメージし、

「そこに行く」

と宣誓するのです。そして、理想の自分へ向かうために、今から挑戦を開始するのです。

大学生にとって、知識の『真剣な』修得は、その後の人生の土台を築くとても重要な挑戦です。これは、大学時代に内面的達成を実感できる最高の方法です。この挑戦は、大学生として、かつ、外面的な成功を一層要求される社会人になる前の大学生だからこそ『や

るべき』ことです。この挑戦による内面的達成の実感は、生涯その人の生き方に、必ず大きな影響を与えます。

挑戦の無い学生生活は、その後の人生に何の恩恵ももたらしません。それは、最も多感な時期に、自分の核を形成する最高のチャンスを放棄することになるからです。挑戦の表の顔は、誰もが経験して知っている通りPainです。しかし、この表の顔に惑わされるのは、今日を最後に止めましょう。挑戦の真の姿は、私たちを理想の自分に導いてくれる『女神』なのですから。

参考文献

『教師たちとの出会い』（林竹二著、一九九〇年、国土社）
『教えることと学ぶこと』（林竹二・灰谷健次郎著、一九九六年、倫書房）
『気づかせて動かす』（山口良治・平尾誠二著、二〇〇三年、PHP研究所）
『Awaken The Giant Within』（アンソニー・ロビンズ著、一九九一年、A Fireside Book）
『原因と結果の法則』（ジェームズ・アレン著、坂本貢一訳、二〇〇四年、サンマーク出版）
『チーズはどこへ消えた？』（スペンサー・ジョンソン著、門田美鈴訳、二〇〇一年、扶桑社）
『豊かさの条件』（暉峻淑子著、二〇〇三年、岩波新書）
『〈むなしさ〉の心理学』（諸富祥彦著、二〇〇三年、講談社現代新書）
『読書力』（齋藤孝著、二〇〇三年、岩波新書）
『いのちのバトン』（相田みつを著、二〇〇六年、角川文庫）
『それでも人生にイエスという』（ヴィクトール・フランクル著、山田邦男・松田美佳訳、二〇〇三年、春秋社）

■著者紹介
小野　良太（おの　りょうた）

1958年、東京都生まれ。電気通信大学卒業。米国コロラド大学ボールダー校学際的テレコミュニケーション修士課程終了。米国ハワイ大学マノア校コミュニケーション情報科学博士課程終了。1994年、国際コミュニケーション学会大学院生優秀教授賞受賞。ハワイ大学コミュニケーション学部大学院生助手、シンガポール国立南洋理工大学コミュニケーション学部講師、助教授を経て、現在、愛知大学経営学部助教授。

コミュニケーション情報科学博士。

専門は、情報通信、および、未来学。

共編著に『Electronic Communication Convergence: Policy Challenges in Asia』（Sage）がある。

自己発見とあなたの挑戦
——大学生活をリッチにする入門講座——

2006年 5 月20日　初版第 1 刷発行

■著　　者——小野良太
■発 行 者——佐藤　守
■発 行 所——株式会社大学教育出版
〒700－0953　岡山市西市855－4
電話(086)244－1268㈹　FAX (086)246－0294
■印刷製本——モリモト印刷㈱
■装　　丁——ティーボーンデザイン事務所

ISBN4－88730－690－3